현대중국의 사회와 문화

현대중국의 사회와 문화

김 경 국 저

전남대학교출판부

| 서문 |

한·중 양국은 지난 1992년 8월 수교가 된 후, 정치·경제·사회·문화·예술 등 다방면에 걸쳐 상호 긴밀한 관계를 유지해 오고 있다. 특히 수교 후 양국은 정치적 선린, 경제적 호혜의 단계를 지나 한반도를 포함한 동북아의 안정과 평화를 공동으로 모색하는 안보적 협력관계로 발전하여 왔고, 지난 2003년부터 양국은 명실공히 "전면적 협력동반자 관계"로 진입하였다.

본 서는 최근 들어 동북아 지역이 세계질서의 중심축 가운데 하나로 급부상하고 있는 가운데, 이른바 21세기 세계 초대강국으로 발돋움하고 있는 현대중국의 사회와 문화적 실상을 여러 가지 측면에서 살펴보고자 하는 의도로 시작되었다.

여기에 실린 글들은 원래 필자가 몇 년 전부터 국내 모 일간지에 현대중국의 정치·경제·사회·문화·관광·교육·언론·의료·환경 등 현실적으로 민감한 내용들을 칼럼형식으로 연재 발표하였던 것을 시대감각에 맞게 재구성하고, 이를 다시 학술적으로 수정·보완하는 작업을 거쳐 완성된 것이다. 또한 내용의 객관적 신뢰성을 위하여 가능한 한 구체적인 통계 수치와 인용 근거 등을 제시했고, 이를 다시 한국의 사회문화 현상과 연계시킬 수 있도록 노력했다.

지난해 한·중 수교 15주년을 맞이한 양국이지만, 한국에서 일고 있는 "중국열(漢流)"과 중국에서 일고 있는 "한국열(韓流)"의 이면에는 여전히 위협적인 요소들이 잠복해 있다. 예를 들어 일부 영토의 귀속 문제, 고구려역사 문제, 중국의 북한밀입국자 문제, 중국의 조선족과 한국의 "재외동포"에 관한 정의 문제 등에 있어서 양국간에는 일정한 의견차가 존재한다.

그럼에도 불구하고 북한의 핵문제, 경제 발전문제, 식량문제, 에너지문제 등을 해결하기 위해서 한중간의 우호 협력관계의 필요성이 갈수록 커지고 있다.

본인은 이 책의 출판을 통해서 전문가와 일반인들이 21세기 한·중 관계를 올바르게 인식하고, 나아가 현대중국의 사회와 문화를 객관적으로 이해할 수 있는 작은 계기가 되기를 희망한다.

끝으로 두서없는 글들을 위해 기꺼이 편집의 노고를 아끼지 않은 김태완 교수님과 전남대학교 출판부 관계자 분들께도 감사의 마음을 전한다.

2008년 무자년 새해

麗正山房에서 저자 識

목차

현대중국의 정치·사회 11

현대중국의 문화·관광 69

현대중국의 경제·과학기술 101

현대중국의 교육·언론 169

현대중국의 정치·사회

정부기구개혁 추진 가속화 ‖ 홍콩에 디즈니랜드 개장 ‖ 저축의식과 노후설계의 변화 ‖ 중국 호화결혼 성행 ‖ '인터넷 결혼'에 대해 찬반 분분 ‖ 중국인구 21세기 중엽 16억 예상 ‖ 떠오르는 중국 복권산업 ‖ 바퀴벌레 이용 에이즈신약 개발 ‖ 현대중국인들의 하루 일과 ‖ 50代 여성재력가의 '구혼기(求婚記)' 화제 ‖ 샤오린쓰(少林寺) 무술의 기원 규명 ‖ 공업용 가짜소금 횡행 ‖ 보험가입자의 권익보호 시급 ‖ 각종 퇴직금 운용과 관리방안 ‖ 국제유명 술회사들의 각축장 ‖ 상하이(上海)시 '만능 교통카드' 시행 ‖ 중국 컴퓨터 범죄 급증 ‖ 가스 동력 보조차 개발 중 ‖ 따롄(大連)시 건설 백주년 기념조형물 조성 ‖ 체육산업 호황 중 ‖ "十五" 국가발전계획 발표

정부기구의 개혁 추진 가속화

지난 2001년 3월 15일, 중국의 제9회 전국인민대표회의 제4차 회의에서 주룽지(朱鎔基) 전 국무원 총리는, 과거 3년간에 걸쳐 진행된 정부기구의 개혁이 성공적으로 완수되어 정부 업무처리의 효율성이 크게 향상되었다고 공식 발표했다.

1998년부터 본격적으로 시작된 정부기구의 개혁은 중국정부의 단호한 의지에 따라 개혁·개방 이래 최대 규모로 진행되었다. 당시 정부기구의 개혁은 주로 첫째 정부는 앞으로 직접적으로 기업을 관리하지 않고, 기업 스스로 시장경제의 주체가 되게 한다; 둘째 정부의 주관부서와 경제의 주체단위 및 직속 기업간의 행정적 예속관계를 없애고, 사람과 재정 사이의 고리도 철저하게 끊는다; 셋째 행정 계통의 기업들을 경제의 실체로 바꾼다는 것이었다.

이를 위해 국무원은 경제를 직접 관리하던 전담부서를 조정하거나 폐지하는 대신, 거시적 조정을 위한 관리·감독기구를 강화했다. 조정된 기구는 주로 두 가지인데 하나는 기업을 관리하는 전문경제부서로 기계·석탄·석유화학공업·야금·방직 등을 단계적으로 폐지시키고, 원래의 주관기업을 현대 기업제도의 요구에 따라 그룹화·기업화·시장화의 방향으로 재 조직화했다. 다른 하나는 업무가 비슷하여 서로 합병시킬 수 있는 기구들로서, 지질광산부·국가토지관리국·국가해양국·국가측량지도국 등을 한데 묶어 국토자원부로 만들었다.

결과적으로 국무원이 단기간의 기구개혁을 통하여 개편한 부서는 원래의 40개에서 29개로 대폭 줄었고, 각 부서내의 기구들도 2백여 개나 축소되었다. 기관에서 근무하던 사람들도 3.3만 명에서 1.6만여 명으로 크게 감소하였다.

이러한 중앙정부기구의 성공적인 개혁에 힘입어 중국정부는 지난 2000년 초부터 계속해서 지방정부기구의 개혁을 단행했다. 중앙정부기구의 개혁이 시발점이라면 지방정부기구의 개혁은 그 절정이라 할 수 있다. 현재 중국 대부분의 성(省)과 구(區)의 인구수나 면적은 세계 중등 이상의 국가들에 해당된다. 중국 국민경제발전의 주된 낙후원인이 바로 지방문제에 있기 때문에, 지방기구의 개혁은 정부기구의 개혁에 있어서 매우 중요하다. 그동안 지방행정기구는 조직이 방만하고 이중적이며 정경분리가 되지 않고 사람이 일보다 앞서는 현상이 심하여, 결과적으로 관료주의와 부패를 양성하였고 중국개혁과 경제발전에 직접적인 악영향을 가져왔다.

통계자료에 따르면 중국의 각급 지방행정 계통의 행정편제가 현재 518만 명으로 되어 있으나 실제로는 548만 명인 것으로 나타났다. 이를 위해 중국정부는 1년여의 노력 끝에 전국의 성(省)급 정부인원의 편제를 평균 47%로 줄여 모두 7만 4천명(政法部門 불 포함)을 감축했으며, 성(省)급 지방기구의 설치는 55개에서 평균 40개로 축소되었다.

이와 동시에 전국 시(市)·현(縣)·향(鄕)의 기구개혁 회의가 북경에서 소집되어, 다음 5개항을 목표로 개혁이 지속적으로 추진될 예정이다. 첫째 전국 시(市)·현(縣)·향(鄕) 기관의 행정편제를 총 20%로 줄인다. 둘째 행정심의 비준제도의 개혁을 추진하여 현행

행정심의 비준제도를 간소화 규범화시킨다. 셋째 행정시행법을 정비한다. 넷째 향(鄕)・진(鎭)기구와 행정편제를 축소시키고, 초과편제 인원과 임시고용 인원을 정리하여 재정적 부담을 줄인다. 다섯째 인원을 적재적소에 재배치한다. 이러한 시(市)・현(縣)・향(鄕) 기구개혁을 심도 있게 추진하기 위해, 중앙정부는 재정적인 보조와 재배치된 인원들을 위한 사회보장정책 등을 마련하기로 했다.

2005년 7월 북경에서 소집된 전국 지방정부기구 개혁회의의 주요임무는 직능전환을 이루고 기구설치와 인원편제를 정비하는데 있다. 직능전환을 이루기 위해서는 정부와 기업의 분리・정부와 업무의 분리・정부와 사회 중개조직의 분리 등 세 가지 원칙을 전제로 하고 있다.

2005년도 중국정부기구의 개혁은 주로 6개 방향에서 시작된다. 즉 ① 공공사무 개혁의 가속화 ② 시장 통일 감독체제 완비 ③ 집행기구의 합병 통합화 ④ 지방에 종합집행기구 설치 ⑤ 국가계획위원회, 국가경제무역위원회, 국가대외경제무역부 등의 부처를 조정, 통합하여 국가자문위원회 등을 설치 ⑥ 3개 핵심기능(과학기술교육, 의료위생, 사회보장)의 강화 등이다.

결론적으로 1998년부터 진행된 중국정부기구의 개혁은 중국경제의 '전면적 시장화' 개혁의 제1보라고 할 수 있다. 이에 2000년 중국 국무원은 국가경제무역위원회 소속의 국가국(局)을 대대적으로 개혁하였는데, 국내무역・기계공업・석유화공・경공업・방직업 등의 국가국(局)을 철폐하여 이 부서들을 행정직능 및 국가경제무역위원회 소속 기관에 통합시켰다. 즉 1998년도 기구개혁의 핵심이 "철폐"에 있었다면, 지금은 "통합"에 있다고 할 수 있다.

현재까지 중국정부기구의 개혁은 순조롭게 진행되고 있다. 하지만 정부기구의 개혁이란 단 한번의 조치로 완성될 수 없고, 적어도

5년에서 10년에 걸친 지속적인 노력을 기울여야만 정부기구의 효율성과 협조체제를 완성할 수 있다. 이를 대변하듯 중국정부도 정부기구의 직능전환이 아직까지 철저하게 완수되지 못했으며, 정부기구의 개혁은 현재도 계속 진행 중이라고 말하고 있다.

홍콩에 디즈니랜드 개장

2005년 8월 9일, 홍콩디즈니랜드가 호텔 등의 시설을 언론에 개방했다

지난 1999년 11월, 당시 홍콩특별행정구 행정장관 둥젠화(董建華)는 근 1년 동안의 협상과정을 거쳐 미국 월터 디즈니사와 공동 합작으로 홍콩에 세계에서 다섯 번째로 디즈니랜드를 건설하겠다고 발표했다.

홍콩 디즈니랜드는 "미국의 거리", "환상의 세계화원", "만화영화성(城)", "모험의 세계", "변방의 세계", "미래의 세계" 등 몇 개의 구역으로 나누어 건설될 예정이다. 이것은 기존의 네 군데 디즈니랜드(미국 2곳, 파리, 일본)중 가장 인기 있는 부분만을 모아놓은 것이다. 이 구역들은 최첨단 과학기술 설비를 갖춰 장차 관람객들에게 환상과 모험이 가득한 독특한 오락프로그램을 제공할 것이다.

현재 제1기 공정에 해당하는 “미국의 거리”, “잠자는 공주의 성”, “환상의 세계화원”, “미래의 세계” 등 4개의 테마공원과 2개의 테마호텔이 이미 기본적인 공사를 끝내 지난 2005년 9월에 개장되었다. 홍콩 디즈니랜드는 향후 관람객수가 1천만 명을 돌파하면 곧바로 제2기 공정에 돌입할 계획이다.

쌍방간의 협의결과에 따르면 홍콩특구 정부는 초기에 합작회사의 57%, 디즈니사는 43%의 지분을 각각 소유하게 되며, 홍콩특구 정부의 총 투자액은 장차 224.5억 (홍콩)달러에 이를 전망이다. 디즈니랜드의 총면적은 약 126헥타르이고, 위치는 시중심지에서 신 공항으로 향하는 대서산(大嶼山) 죽고만(竹篙灣)인데 교통이 편리하고 주변 환경이 매우 뛰어난 곳이다. 홍콩 시는 이 사업을 위해 대서산을 지나는 대로와 마안(馬鞍) 해협을 횡단하는 차량용 신 교량을 건설하기로 했다.

홍콩 디즈니랜드사는 개장 원년의 입장객수를 약 560만 명으로 추산하고 있는데 이중 3분지 1이 중국대륙의 관광객으로 채워질 전망이며, 2015년이 되면 투자원금을 모두 회수할 것으로 내다보고 있다. 또한 향후 40년 동안 홍콩에 1480억(인민폐)원의 순수익을 가져올 수 있다고 예측하는데, 이는 홍콩 GNP의 0.3%에 해당되는 금액이다. 그러므로 홍콩의 각계 인사들은 이번 대규모 투자유치가 장차 홍콩경제에 가져올 거대한 잠재력을 기대하는 한편, 이번 일을 계기로 국제사회에서 홍콩의 위상이 한층 강화되고 홍콩관광객의 증대 · 실업문제의 완화 등 홍콩경제를 회복시키는 일종의 강심제 역할을 할 것으로 확신하고 있다.

기존의 외국 디즈니랜드와 비교해 볼 때 홍콩 디즈니랜드는 다음과 같은 특징을 가지고 있다. 먼저 홍콩 디즈니랜드의 자연경관 설계는 모두 중국 전통의 설계방식에 따라 이루어졌다. 특히 동양의 풍수지리학 원리에 따라 디즈니랜드의 입지 선정은 물론 출입구의 설치 · 거리 · 상점 · 식당의 입구 심지어 각 식당 주방과 상점계산대의 위치까지도 모두 음양의 이치에 맞게 세심하게 설계되었다.

다음으로 국내 여행객들이 95%를 차지하고 있는 일본 디즈니랜드가 일본어로만 안내방송을 실시하고 있는 것에 반해, 홍콩 디즈니랜드는 중국은 물론 한국, 일본, 동남아 세계 각지를 겨냥하여 영어 · 중국어 · 광동어(홍콩을 포함한 광동의 지역사투리)를 동시에 사용할 예정이다. 마지막으로 홍콩 디즈니랜드는 음력설이나 중추절 등 중국 전통명절에 맞추어 각종 행사를 기획하고 연출함으로써 동서양 문화의 특징과 조화를 강조하고 있다.

한편, 미국 디즈니사도 이번 합작투자에 대해 강한 자신감을 보이고 있다. 그것은 무엇보다도 중국내륙의 거대한 시장이 바로 홍콩경제를 지탱해주고 있다는 믿음 때문이다. 실제로 쌍방간의 담판이 이루어지기 전에 디즈니사와 홍콩 중뤼(中旅)회사는 이미 중국내지인들이 24 내지 72시간 동안 무비자로 홍콩을 여행할 수 있어야 하고, 특히 선전(深圳)에서 홍콩 디즈니랜드까지 전용통로가 마련되어야 한다는데 의견을 같이 했다.

한편에서는 홍콩 디즈니랜드가 홍콩과 중국내지의 경제관계를 새로운 단계로 이끌어 줄 것이며, 홍콩과 중국내지인 관광객은 물론 장차 타이완 · 한국 · 일본 및 동남아국가의 여행객들까지 널리 끌어들일 것이라고 주장했다. 이러한 인식위에 디즈니사는 벌써부터 중국의 다른 대도시에 제2, 제3의 디즈니랜드 건립계획을 구상중이다.

2005년 9월에 개장한 홍콩 디즈니랜드 성루의 모습

저축의식과 노후설계의 변화

중국특색을 지닌 사회주의의 발전과 개혁·개방정책의 성공에 따라 오늘날 중국인들이 추구하는 삶의 가치에 상당한 변화가 일어나고 있다. 중국 상하이(上海)시 통계국에서 얼마 전 발표한 통계결과에 따르면, 최근 상하이 시민들의 저축의식이 지난 1990년대 초에 비해 다음 세 가지 점에서 커다란 변화를 보인 것으로 나타났다.

첫째, 현대 중국인들에게 있어서 노후설계가 최우선이고 자녀교육비 마련은 그 다음인 것으로 나타났다. 이번 조사는 중국인들의 저축목적을 크게 자녀교육비·노후설계·집안 실내장식·소비제품 구매·자녀혼사·내 집 마련 등 모두 6개 항목을 통해 실시되었다. 1990년대 초에는 시민 27%가 교육비 마련을 저축의 최우선으로 삼은 반면, 2000년에는 노후설계가 1위를 차지하게 되었고 교육비는 1.4% 증가 속에 2위를 차지했다.

이러한 변화는 오늘날 중국인들이 여전히 교육을 중시하고 있지만 지난 십 년 동안 노후설계에 대해 유형 혹은 무형의 사회적 압박이 끊임없이 증가했음을 의미한다. 예를 들어 십 년 전에는 저축의 목적을 노후설계로 삼은 사람이 겨우 20% 남짓으로 전체의 5분의 1에 불과했으나, 2000년에는 9.5%의 놀라운 성장률과 함께 1위를 차지하면서 거의 3분의 1(29.9%)에 육박한 것이다.

이 같은 결과는 내 집 마련을 위한 저축목적 항목을 크게 앞선 것이다. 이것은 현재 중국정부가 실시하고 있는 사회보장제도와 중국인들이 실제로 느끼는 현실적 판단 사이에 적지 않은 괴리감이 존재함을 입증한 것이다.

둘째, 교육은 부모의 도리상 어쩔 수 없이 책임지지만 혼인문제는 경제적 조건에 따라 치른다는 것이다. 이것은 자녀에 대한 중국인들의 태도에 뚜렷한 변화가 생기고 있음을 의미한다. 1990년대에는 자녀를 위한 혼사준비가 저축목적의 5위를 차지하여 1위인 자녀교육과 10.6%의 차이를 보였지만, 2000년에는 교육비중이 여전히 증가한 반면 혼사문제는 7.8%나 하락하여 원래의 5위에서 6위로 밀려났다.

이것은 중국인들의 사회 관념상 일대 변화라고 볼 수 있다. 즉 자녀교육은 부모 도리상 어쩔 수 없이 감수해야 하지만 자녀들의 혼인문제는 다만 부모의 경제적 조건이 허락되면 도움을 주고, 그렇지 못하면 자녀 스스로 알아서 해결하도록 할 수밖에 없다는 생각이다.

셋째, 내 집 마련은 두 단계나 올랐으나 집안 실내장식은 두 단계가 하락했다. 1999년도 중국인들의 소비제품구매는 과거 십 년 동안의 대규모 내수 소비제품 구매로 인해 3%가 하락했다. 그러나 내 집 마련저축은 8.4%나 줄곧 상승하여 원래 6위에서 두 단계나 뛰어 올라 4위를 차지했다. 이것은 의심할 나위 없이 중국정부의 주택제도개혁과 대대적인 공공주택 임대정책으로 말미암은 것이다. 과거 중국인들은 집안 실내장식에 특별히 힘을 쏟았는데 오늘날에는 내 집 마련을 위한 저축목적에 밀려 원래 3위에서 5위로 하락하였다.

이러한 변화는 오늘날 개혁 · 개방 20년을 성공적으로 맞이한 중국인들의 경제의식을 잘 보여주고 있다.

중국 호화결혼 성행

결혼은 동서고금을 막론하고 청춘남녀들에게 신성하고 경사스러운 일이다. 하지만 시장경제가 지배하고 있는 오늘날의 중국사회도 자본주의 사회와 마찬가지로 이 신성한 결혼이 상혼(商魂)에 물들고 있다.

통계에 의하면 결혼과 관련된 지출비용이 상하이(上海)에서만 매년 약 5백억 위안(元, 이하 모두 인민폐)에 이르고, 신혼부부 한 쌍의 결혼 지출비용은 대략 8만 내지 25만 위안이 든다. 만일 여기에 신혼집 마련과 실내장식에 필요한 부대비용이 포함되면 총비용은 30만 내지 80만 위안에 육박한다.

상하이 젊은이들의 결혼비용은 이미 홍콩이나 대만에 비해 조금도 뒤지지 않는다. 비록 상하이 사람들의 총수입이 아직까지는 홍콩이나 대만에 미치지 못하지만 결혼을 위한 지출에는 결코 인색하지 않다.

결혼을 인생대사로 인식하고 있는 대부분의 중국인들은 행복한 결혼을 위해 결혼 당사자들이 자신들의 모든 것을 쏟아 붓는 것은 물론 쌍방의 부모들까지 힘을 다해 도와주고 심지어는 형제자매들까지도 결혼비용의 일부를 부담한다. 홍콩과 대만에서 결혼비용은 두 당사자만의 일이지만 상하이에서는 최소한 여섯 사람이 부담하는 2대 6의 소비구조를 보이므로 소비수준이 결코 외국에 못지않은 셈이다.

현재 중국은 매년 약 1천 8백만 명의 젊은이들이 결혼을 하는데 그중 도시 신혼부부들은 약 20%에 해당하는 360만 명으로 이들의 총 결혼비용은 거의 2천억 위안에 이른다. 하지만 정작 대부분의 당사자들은 결혼이란 너무 피곤한 일이라고 답변한다.

중국의 결혼은 먼저 혼인신고 후 혼인증을 받아야 하고, 그 외에도 신체검사 · 혼수용품 구입 · 약혼식 · 웨딩드레스 임대 · 신혼여

결혼을 앞둔 한 쌍의 중국 젊은이가 한 결혼대행업체에서 결혼비용에 대한 의견을 나누고 있다.

행차량 임대·신부화장·초야 치르기·신혼여행 등의 모두 58가지나 되는 절차를 밟아야 한다. 그러므로 신혼부부들은 결혼식이 끝난 후 온몸이 녹초가 되기 마련이다. 이에 따라 요즘 신혼부부들은 시간과 정력을 덜기 위해 일종의 "결혼대행업"을 이용하기도 한다. 한 결혼대행 회사는 10만 위안의 비용을 들이면 결혼의 전 과정을 책임지며 이는 개인이 지출한 것보다 20%나 절감된 비용이라고 선전한다.

중국에는 결혼을 앞둔 젊은이들을 위하여 결혼자금 대부제도가 있다. 대부 한도액은 최고 10만 위안이고 상환기간은 최고 5년인데 이율은 주택대부보다 약간 높으며 주로 화이트칼라를 대상으로 한다. 만약 신혼부부 두 사람의 총수입이 5천 위안이면 10만 위안의 결혼대부자금을 신청하는데 별다른 문제가 없다. 이처럼 새로운 결혼풍속도에 따라 일부 젊은이들 중에는 야외 고원지대결혼·호텔결혼·골프장결혼 등을 선호하는 층도 생겨나고 있다.

"인터넷 결혼"에 대해 찬반분분

중국 인터넷 시장의 급속한 발전에 따라 중국사회에 한때 "인터넷 연애"가 성행하더니 요즘은 새로운 방식의 인터넷 짝찾기인 "인터넷 결혼"이 유행처럼 크게 번지고 있다.

세속적인 결혼은 혼인신청·등기·혼인식 등 번거로운 과정을 일일이 거쳐야 하지만, 인터넷상에서는 단지 몇 차례 마우스만 클릭하면 간단하게 해결할 수 있다. 먼저 결혼 당사자들이 각각 자기소개서를 혼인주재자(인터넷사이트 마다 7. 8명의 혼인주재자가 있어 이들 중 아무나 한 명을 선택하면 됨)에게 보낸다.

신청서에는 보통 자신의 애칭을 사용하는데 만일 좀 더 격식을 갖추려면 함께 채팅 방에 들어가 정식 "혼례"를 거행할 수도 있다. 여기에서 전문적인 혼인주재자를 모신 다음, 많은 친구들을 초대하여 혼례식에 참가시킨다. 그리고 예식이 끝나면 하객들의 떠들썩한 축하 속에 신혼부부는 "신방"으로 들어간다.

혼인 후 부부 두 사람의 금전은 지갑 하나에 보관된다. 함께 생활용품을 구매하고 함께 시장도 보며 식당에 가서 외식도 즐긴다. 시간이 좀 지나면 아이를 하나 입양하여 함께 자녀교육도 시킨다. 만일 서로가 결혼생활을 더 이상 유지할 수 없다는 판단이 서면 즉시 이혼을 할 수 있고, 재혼도 얼마든지 가능하다. 여기서는 한 사람이 몇 십 번 심지어 백여 차례 결혼해도 조금도 이상할 것이 없다. 이 모든 것이 가상세계에서 이뤄지기 때문이다.

현재 중국 내 유명한 사이트에는 대부분 이런 가상 결혼등기소가 있다. 사이트 방문자는 회원가입만 하면 수시로 “인터넷 결혼”을 올릴 수 있다. “인터넷 사람들”이라고 하는 한 가상마을의 등록 회원수는 4만 명에 이르는데, 지금까지 등록된 인터넷 “가정”이 2천 7백 개를 넘어섰다. 또한 12만 명의 주민을 확보하고 있는 유명한 인터넷 도시인 “제9의 도시”에서는 최근 혼인한 사람만 1천명에 이른다.

만일 "인터넷 연애"가 사람들에게 일종의 몽롱하고 모호한 느낌을 가져다 주었다면, “인터넷 결혼”은 아마도 이보다 훨씬 더 직접적이고 노골적이라 할 수 있다. “인터넷 결혼”에 대해 현재 중국사회는 찬반양론이 팽팽하다.

우선 “인터넷 결혼”에 대해 동조하는 사람들은 자신들을 마치 눈앞에 밀어닥친 공공의 적으로 보지 말라고 요구한다. 가상가정은 현실생활 밖의 공간에서 정신적인 안주와 이상을 추구하고자 하는 일종의 플라토닉 러브라는 것이다. 현실적인 애정에는 항상 모순과 결함이 있지만, 인터넷 결혼은 사람들에게 상상의 날개를 활짝 펼 수 있게 하고, 현실생활에 대한 불만도 크게 완화시켜 준다고 여긴다.

인터넷 결혼을 반대하는 사람들은 “인터넷 결혼”은 순수한 영혼에 대한 배신이며, 장차 현실적 혼인에 엄청난 충격을 가져올 것이라고 경고한다. 특히 여성 인터넷 이용자들은 마음은 하나인데 이중생활을 하는 것이 매우 어렵기 때문에 대부분 인터넷 결혼을 반대하고 있다. 또한 인터넷 결혼은 현실생활의 반려자에게 매우 불공평하므로, 인터넷 결혼은 단지 미혼자들의 유희일 뿐이라고 본다.

어떤 사이트에는 "현실적 남편은 몸의 온기라도 나눌 수 있지만, 인터넷상의 남편은 향기로운 북경 오리구이처럼 사람을 유혹만 할 뿐 사람은 오히려 먼 곳에 있네."라는 말이 유행하고 있다. 한편 이들 미혼자들은 자제력이 부족하기 때문에 인터넷상에 쌍방간의 관계가 현실로 발전해 가는 것은 거의 필연적이며, 이는 조만간 현실적 결혼생활에도 심각한 영향을 미치게 될 것이라고 우려하고 있다.

중국인구 21세기 중엽 16억 예상

인구 억제정책의 성과...99년 자연증가율 8.4%로 하락

중국은 지난 1970년대부터 가족계획 기본정책을 전면적으로 실시한 이래 이미 3억 이상의 인구가 적게 출생한 것으로 집계되었다. 중국 국무원이 최근 발표한 "21세기 중국의 인구와 발전"이라는 백서에 의하면 중국은 이미 세계 인구 저성장국가의 반열에 들어섰다.

중국의 총인구는 1999년 말 12.6억(홍콩, 마카오, 대만인구 불 포함)으로 세계총인구의 약 21%를 차지하고 있다. 지난 30년 동안 중국은 인구성장 억제를 위해 종합적인 대책을 성공적으로 마련한 결과 그 효과가 매우 빠르게 나타나고 있다.

인구출생율과 자연증가율이 1970년대 각각 33.4%와 25.8%를 기록했다가 1999년에는 15.2%와 8.7%로 하락되었다. 과거 경제가 발달되지 못한 상태에서 비교적 짧은 시간 내에 인구재생산유형이 고 출생 · 저 사망 · 고 성장으로부터 저 출생 · 저 사망 · 저 성장의 역사적인 전환점에 돌입한 것이다.

임신여성의 평균 초혼연령이 1970년도 20.8세에서 23.5세로 높아졌고, 가정규모도 평균 1971년 4.84명에서 1998년 3.63명으로 감소되었다. 아직까지 기본적인 의식문제를 해결하지 못한 농촌의 빈

곤인구는 70년대 말 2.5억 명에서 1999년 말 3400만 명으로 감소되었다.

중국정부는 향후 전국 대부분의 지역에 9년제 의무교육을 실시하고 젊은층의 문맹률도 연차적으로 낮출 계획이다. 인구 1만 명당 평균 대학생 숫자가 1978년 8.9명에서 1999년 32.8명으로 증가했다. 임산부 사망률은 1990년 94.7/10만에서 1998년 56.2/10만으로 감소했고 입원 분만률은 1999년 66.8%를 넘어섰다. 인구 평균수명은 1999년 71세가 되어 중진국 수준에 도달했다.

그럼에도 불구하고 중국의 인구와 사회발전 사이에는 여전히 첨예한 모순이 존재하고 있다. 인구는 앞으로도 비교적 오랫동안 계속 증가할 것으로 예측된다. 향후 십몇 년 동안 매년 평균 1천만 명 이상의 인구가 증가함으로써 중국의 경제 · 사회 · 자원 · 환경 문제 등에 끊임없이 거대한 위협이 될 것이고, 이런 모순과 문제는 시간이 지날수록 더욱 명확히 드러날 것이다.

이에 최근 중국정부가 마련한 인구와 발전의 목표를 살펴보면 2005년까지 중국 총인구수를 13.3억 이내로 억제하고(홍콩, 마카오, 대만 불 포함), 인구평균 자연증가율도 9%를 넘지 않게 할 계획이다. 또한 전면적인 의료보장정책을 실시하여 임산부 사망률을 42/10만으로 낮추고, 영아 사망률도 31%로 낮출 예정이다. 2010년까지는 총 인구수를 14억 이내로 억제하면서 국민의 생활수준을 더욱 향상시킬 계획이다.

중국 인구는 21세기 중엽에 이르러 전국 총 인구수가 최고치(약 16억)를 기록한 후 서서히 하락할 전망이다. 이 시기가 되면 비교적 완전한 사회보장제도를 실시하고 인구분포와 취업구조가 비교적 합리적으로 개선될 전망이다. 또한 국민의 도시화수준이 대폭 높아지고 평균수입도 중진국 수준에 이르는 등 인구와 경제 · 사회 ·

자원 · 환경 사이에 기본적인 조화를 이룸으로써, 중국정부가 목표로 하는 국가 현대화 계획을 원만하게 달성한다는 장기적이고 야심에 찬 계획을 수립해 놓고 있다.

떠오르는 중국 복권산업

꾸준한 증가세...상하이(上海) 2년 연속 전국 판매 1위

현재 세계적으로 120여 개 국가가 복권을 발행하고 있는데, 지난 1996년 기준 전 세계 복권 판매액은 총 1200억 달러로 세계 제6대 산업으로 불리고 있다. 복권판매를 통해 얻은 수입은 주로 사회간접 자본과 체육 및 사회복리 등에 사용된다. 미국은 복권 판매를 통해 매년 360여 억 달러의 사회건설 자금을 모집하고 있고, 태국은 방콕 아시안게임때 복권수입이 정부예산보다 1600만 달러나 많았다.

그동안 중국 복권산업의 발전이 결코 순탄한 것은 아니었으나, 복권발행은 꾸준히 증가세를 보여 왔다. 상하이 복리복권 발행 센터의 통계에 의하면 지난 1999년도 상하이 시민 한사람 당 평균 56위안(元)의 복리복권을 구입했는데, 이는 전국 평균치 보다 십여 배가 높은 것으로 2년 연속 전국 1위를 차지했다. 또한 지난 2000년 상하이시는 복권발행 목표 18억 위안을 무난히 초과 달성한 것으로 알려졌다.

비록 현재의 복권 가격이 1장당 몇 위안에 불과하지만, 중국에 있어서 그 잠재력은 결코 소홀히 할 수 없다. 한 경제전문가는 복

권발행은 일종의 원금을 갚거나 이자를 지불할 필요가 없는 자금 모집 수단이며, 항상 "웃으면서 세금을 징수"할 수 있는 재정수단이라고 말한다.

현재 중국에서 발행되는 복권은 사회복리복권과 체육복권 두 가지 뿐이다. 1987년부터 발행을 시작한 복권 총 판매량은 2006년 현재 819억 위안으로 세계 복권판매순위 5위에 올랐다. 지난 1997년까지 십년 동안 상하이 복권발행량은 겨우 4억 위안이었고 1999년에는 7억 위안으로 당시 상하이인의 평균 복권구매액은 수입의 0.75%에 불과했지만 잠재력은 매우 컸다. 심지어 일부 경제전문가들은 서부개발복권을 발행하여 서부개발의 부족한 재정을 충당하자는 주장까지 내놓았다.

비록 복권구매가 진정한 의미의 투자는 아니지만 복권과 투자는 똑같이 높은 위험성과 저 수익이라는 특징을 갖고 있다. 몇 백만 위안의 당첨금은 모든 사람들에게 강한 자극제가 되기 때문에, 당첨 확률을 높이기 위한 모의복권 추첨기와 복권과 관련된 서적들이 때맞춰 등장하여 베스트셀러가 되고 있다. 생활정보를 전달하는 일부 매체들은 앞 다투어 복권 당첨번호 확인 서비스를 실시함으로써 "복권 애호가"들의 커다란 환영을 받고 있다.

복권구매 열기와 더불어 복권판매업도 중국사회에서 꽤 인기 있는 직종이 되었다. 상하이에는 현재 1천 5백여 개의 복권판매소가 있는데 각 판매소마다 2명의 판매원이 근무하고 있다. 복권판매의 이윤도 상당히 높아 복권판매원이 납부한 개인소득세가 수천만 위안을 넘어서고 있다.

중국의 복권산업은 아직 초보단계에 불과하지만 복권발행량의 증가는 복권관련 산업의 발전에도 큰 영향력을 미칠 것이다. 예를 들어 현재 1천 4백만 달러를 들여 외국에서 수입해오는 복권기계를 장차 중국이 국산화에 성공한다면, 복권기계 산업은 장차 상당히 유망한 산업이 될 것이다.

바퀴벌레 이용 에이즈신약 개발

중국의 윈난(雲南) 따리(大理)대학 약물연구소
리수난(李樹南) 교수 신 물질 'W2' 개발,
부작용 낮고 치료효과 우수...정맥주사도 가능

얼마 전 중국 윈난(雲南) 따리(大理)대학 약물연구소의 리수난 교수는 바퀴벌레 체내에서 에이즈병 바이러스를 억제할 수 있는 새로운 화학성분을 발견했다.

"W2"라고 명명된 이 신 물질은 일종의 새로운 화합물인데, 치료효과가 매우 뛰어나고 독성이 적으며 원가도 상대적으로 낮게 발표되었다. 마침내 모든 사람들이 극히 혐오하는 바퀴벌레로부터 에이즈 병을 치료하는데 효과적인 성분이 과학자들에 의해 연구개발된 것이다.

이 신약은 리교수와 중국과학원 쿤밍(昆明)동물연구소 및 쿤밍식물연구소의 후중(胡忠), 펀쿤룽 두 연구원이 공동 연구한 것이다. 리교수에 따르면 이 신약은 활동성이 강하고 독성이 적으며 항(抗)에이즈 바이러스에 현저한 치료효과가 있을 뿐만 아니라 정맥주사에도 투여할 수 있다.

비록 강도(强度)면에서 미국의 주요한 에이즈치료제인 "AZT"를 따라갈 수는 없으나, W2의 원가가 비교적 상대적으로 낮고 부작용도 AZT보다 현저하게 낮은 것으로 나타났다. 抗에이즈 바이러스인 이 신약은 현재 생산가공 설비가 이미 끝난 상태에서 마지막으로 임상실험 결과만을 기다리고 있는 중이다.

원래 리교수의 이번 연구결과는 영국의 한 지질학자가 3억 년 전의 호박(琥珀)화석으로부터 바퀴벌레의 유해를 발견한데서 착안되었다. 이 발견으로 인해 3억 년 전부터 지구상에는 이미 바퀴벌레가 생존과 번식을 해왔다는 것이 증명되었다.

오랜 진화과정을 통해 바퀴벌레는 지금까지 지구상에 생존해 있고 현재의 상태는 3억 년 전과 비교해서 아무런 변화가 없는 것으로 보아 그 끈질긴 생명력을 알 수 있다. 이 때문에 과학자들은 바퀴벌레 체내에 반드시 강한 바이러스 저항력이 있는 모종의 특수물질이 들어 있다고 생각했다.

바퀴벌레와 30년 동안 인연을 맺어온 이 교수는 계속 바퀴벌레 체내에서 근 1천 가지 종류에 이르는 화학물질을 채취했고, 그 중 일부분을 추출하여 약리분석을 한 결과 일부 성분에 심혈관질병과 간병 등에 매우 유용한 치료효과가 있는 것으로 밝혀냈다.

예를 들어 "심맥룡(心脈龍)"은 리교수가 바퀴벌레 체내에서 추출한 생물활성물질을 원료로 연구개발한 특효약인데, 우심쇠약(右心衰弱)을 치료하는데 그 효과가 탁월하다. 이미 임상실험까지 마친 이 약은 현재 중국위생부에 시험생산 허가를 신청해 놓은 상태다.

한편 리교수는 바퀴벌레 체내에서 B형 간염을 치료할 수 있는 "간룡(肝龍)"이라는 신약도 개발했다. 이 약에는 뚜렷한 抗바이러스와 면역기능을 증강시키는 활성물질이 들어있고 치료효과도 뛰어난 것으로 알려졌는데, 현재 상하이(上海)시를 포함한 일부 지역에서 임상실험중에 있다.

'바퀴벌레 교수'라고 불리우는 리수난 교수의 바퀴벌레 실험 모습

현대 중국인들의 하루 일과

자녀교육시간에 많이 할애
주5일 근무 · TV시청 3시간…오락 활동 부족
가사노동시간 여자가 남자보다 53분 더 많아

현대 중국인들의 하루일과는 어떻게 이루어지고 있는가? 다년간 이 점을 연구해온 중국 경제학자들의 연구결과를 토대로 중국인들의 하루일과를 살펴보면 다음과 같다.

현재 중국 대도시 근로자들은 주5일제 근무와 이틀간의 휴식시간을 갖고 있다. 한 주일 동안 중국인들의 하루 평균시간을 분석해 보면, 도시남성들의 근로학습시간은 하루평균 6시간 24분, 생활필수시간은 10시간 37분, 가사노동시간은 1시간 58분, 휴식시간은 7시간 17분인데, 비해 도시여성들의 근로학습시간은 하루평균 5시간 37분, 생활필수시간은 10시간 47분, 가사노동시간은 2시간 51분, 휴식시간은 6시간 55분으로 각각 나타났다.

네 가지 항목의 합계시간이 총 24시간을 초과한 이유는 두 가지 이상의 일(예를 들어 TV를 시청하면서 식사를 하는 일)을 동시에 처리한 시간을 각각의 항목에 산입시켰기 때문이다. 남성의 근로학습시간이 여성보다 47분이 많고 여성의 가사노동시간이 남성보다 53분이 많은 것은 "남성은 바깥일을 주관하고, 여성은 집안일을 주관한다"

는 전통이 여전히 유효함을 말해준다.

중국인의 평일 근무시간은 매우 분주하여 하루평균 근무시간은 8시간 3분, 초과근무는 17분, 겸직시간은 13분, 출퇴근 시간은 61분이다. 새벽 5시 반에 출근을 시작하고 대략 저녁 7시경에 귀가한다. 생활필수 시간중 수면시간이 7시간 41분, 식사시간이 1시간 16분, 개인위생과 기타시간이 1시간 46분으로 나타났다. 가사노동 시간중 취사시간이 50분, 물건구매와 가정위생 노인과 아이를 돌보는 시간이 대략 12-20분 걸렸다. 휴식시간중 TV시청이 3시간 6분, 신체단련이 12-13분, 독서와 신문구독 · 라디오청취가 반시간, 오락활동 시간이 22분이 되었다. 특히 고소득 고학력의 중년인들일수록 휴식시간이 거의 없어 자식노릇과 부모노릇 하기가 매우 어려운 것으로 나타났다.

휴일과 공휴일에도 약 4~5%에 해당하는 사람들이 휴식도 없이 여전히 근무했다. 휴일 일반사람들은 평일보다 50분가량 더 많은 수면을 취했고 35분 더 늦게 기상했다. 휴일과 공휴일의 물건구매, 취사, 가정위생시간이 평일보다 각각 35분, 15분, 12분이 많았다. 늦잠자기, 백화점 쇼핑, 친척방문 등은 휴일과 공휴일의 공통적인 활동이다.

중국인과 일본인, 미국 · 유럽인들의 하루일과는 어떤 차이가 있을까? 만일 중국 경제학자들과 일본 NHK방송문화연구소의 연구결과를 비교해보면 다음과 같은 사실을 발견할 수 있다. 중국인의 하루 근무시간은 일본인과 미국 · 유럽인(미국 캐나다 덴마크 핀란드 4국을 말함)에 비해 각각 4분과 1시간 36분이 많고, 수면시간은 중국과 일본사람들이 비슷한 반면 미국 · 유럽인보다 32분이 적었으며, 오락 활동시간은 일본인과 미국 · 유럽인에 비해 각각 1시간 26분과 1시간 52분이 적었다. 독서와 신문구독 학습시간은 일본인과 미국 · 유럽인보다 각각 32분과 13분이 많았고, 자녀교육시간은 23분과 15분 더 많았다. 결론적으로 중국인의 하루생활은 비교적 긴장된 분위기속에서 이루어지며 오락과 취미활동시간이 부족한 반면, 자녀교육에는 많은 노력을 기울이고 있다는 것을 알 수 있다.

50代 여성재력가의 '구혼기(求婚記)' 화제

전남편 · 자녀 사업포기 요구하자 이혼 선택
"재산 사회에 헌납…상속권 없을 것" 선언

몇년 전 중국 허베이성(河北省) 탕산(唐山)시의 ≪唐山勞動日報≫와 ≪唐山晩報≫에는 매우 특별한 내용의 구혼기사가 동시에 실렸다. 구혼 당사자는 당시 53세의 창위전(常玉珍)이라는 여성으로 현재 재산 규모가 수천 만 위안(元)에 이르는 재력가이자 중국 십대 "여걸"중의 한사람이었다.

구혼기사에서 창위전은 미래의 반려자가 결코 자신에 대한 어떠한 재산상속권도 갖지 못할 것이라고 선언했다. 미래의 반려자에 대한 그녀의 요구조건은 다만 신체건강과 정직함 그리고 선량한 마음씨뿐이었다.

창위전은 이미 唐山시에서 상당한 명성을 누리고 있었기 때문에 당시 구혼기사는 순식간에 전 시내의 뜨거운 화젯거리가 되어 여러 가지 소문들이 무성했다.

구혼 기사가 나간 후 그녀는 매일같이 한 아름의 구혼편지를 받았는데, 구혼업무를 전담하고 있는 사촌동생에 따르면 구혼신청자 중에는 별의별 사람들이 다 있었다. 이혼남이나 노름 도박을 일삼는 자가 있는가 하면 진실로 그녀를 돌보고 싶어 하는 사람도 있었다. 또한 구혼편지를 모두 시로 표현한 멋진 문학가가 있는가 하면 소박한 농민도 있었다.

원래 창위전에게도 결코 행복하다고 볼 수는 없지만 그런대로 원만한 가정이 있었다. 약간 우둔하기는 해도 본성이 착한 전남편은 그녀에게 잘해 주었다. 결혼생활 십년이 지나자 식구는 여섯 명으로 불어났고 가정에서 그녀는 줄곧 현모양처였다. 그러다가 중국사회에 개혁·개방의 물결이 몰아치자 그녀는 바깥세상으로 뛰쳐나가 "마음껏 내 자신의 가치를 실현해보고 싶다"는 욕망에 사로잡히기 시작했다.

1978년 마침내 창위전은 다니던 직장을 그만두고 집안의 누런 콩 5근을 밑천삼아 장사를 시작했다. 그 후 십년 동안 그녀의 사업은 노점상에서 상점으로, 가두판매에서 백화점으로, 하청업에서 자영업으로 변모를 거듭하다가, 마침내 자신의 "창지백화점"(常記商場)을 경영하게 되었다.

하지만 사업적 성공에도 불구하고 그녀의 가정에는 불행이 찾아왔다. 어느 날 그녀가 집에 돌아오자 남편이 그녀 앞에 무릎을 꿇고서, '내가 보기에 당신일이 너무 힘든 것 같으니 이 일을 그만두시오. 만일 정말로 일을 계속 해야겠다면 헤어지도록 합시다. 다른 선택의 여지가 없소.'하는 것이었다. 네 아이들도 모두 모여 있었는데, 큰딸이 "엄마가 안 계셔도 사회는 그대로 존속하지만, 우리에게 엄마가 없으면 가정도 없어요. 엄만 정말 일을 그만둘 수 없어요?"하는 것이었다. 아이들도 울고 남편도 그녀도 모두 울었다. 사실 그녀는 남편의 처지를 매우 동정했고 가정도 사랑했다. 하지만 "사회주의 중국정부가 이렇게 좋은 경제정책을 시행되고 있는데 왜 자신의 재능을 사장시켜야 하는가?" 하는 생각에 마침내 일가족은 울음바다 속에서 헤어지게 되었다.

1994년부터 창위전은 8백만 위안을 들여 사회복지시설인 "창지행복원"을 세워 늙은 퇴역군인 19명과 고아 18명을 돌보고 있다. 행복원의 경제적인 재원은 모두 창지백화점의 수입에서 나온다. 구혼광고를 내기 전에 그녀는 자신의 전 재산을 이미 사회에 헌납했다. 자신의 친자식들 뿐 아니라 미래의 남편까지도 재산상속권이 없고, 다만 이 행복원을 잘 돌볼 수 있는 사람만이 창지백화점을 경영할 자격이 있는 것이다.

현재 백화점의 업무는 주로 자녀들이 관장하고 있는 대신 그녀는 더 많은 정력을 행복원에 쏟고 있다. 그녀는 "재산을 사회에 헌납함으로써 내 사업은 영원히 발전하게 되었고, 사회를 위해 더욱 커다란 봉사를 할 수 있게 되었다. 이렇게 형성된 무형자산은 바로 나의 자녀들에게 유형의 발전과 소질 그리고 인격을 선물할 것이다."라고 확신하고 있다.

어느덧 중국의 사회사업가로 변신한 창위전은 아직까지는 자신이 그리던 이상적인 반려자를 찾지 못하고 있다.

샤오린쓰(少林寺) 무술의 기원 규명

흔히들 천하의 무술하면 바로 중국의 소림사를 연상하게 된다. 그렇다면 소림사의 무술은 과연 어디에서 유래 되었을까? 이 문제를 규명하기 위하여 중국 허난(河南)성 철학사회과학원은 최근 몇 년 동안 연구를 진행해 왔는데, 그 결과 소림사 무술은 바로 허난(河南)성 안양(安陽)시에서 유래된 것으로 밝혀졌다.

소림사 무술은 中州에서 일어나 멀리 해외로까지 전파된 중국에서 가장 영향력 있는 무술 유파이다. 또한 소림사 무술은 전체 중국무술 뿐만 아니라 중국불교에서도 중요한 위치를 차지하고 있다.

사실 그동안 소림사 무술의 기원에 대해서 여러 가지 주장들이 난무했다. 그 중에서도 달마(達摩)대사 혹은 발타(跋陀)스님이 창조했다고 하는 설이 가장 설득력이 있었다. 바로 이 문제를 과학적으로 규명하기 위하여 지난 1989년과 1990년에 제1회 전국 소림권 학술토론회와 제1회 국제 소림권 학술연구회가 각각 개최되었다.

안양 사범대학의 마(馬)교수를 중심으로 한 11명의 연구팀은 지난 1989년부터 이에 대한 연구를 시작했다. 그들은 수많은 역사적 자료를 수집·분석하고 연구한 결과, 마침내 30여만 자에 이르는 방대한 양의 연구보고서를 완성했다. 보고서 내용에 의하면 인도승 달마(達摩)가 서기 486년부터 495년 사이에 북위 숭락(嵩洛, 소림사 일대)지역을 유람했었는데, 당시에는 중국의 소림사가 아직 세워지지 않았었다. 그러므로 달마대사와 소림사 혹은 소림사 무술과는 아무런 관계도 없다고 할 수 있다. 한편 소림사의 초대 조실인 발타(跋陀)스님 당시에는 제자들이 전심전력으로 수행에만 열중할 뿐 속세와는 아무런 분쟁관계가 없었기 때문에, 소림사 스님들이 무술을 익힐 하등의 이유가 없었다. 따라서 跋陀스님도 소림사 무술과는 아무런 관계가 없다는 것이 연구팀의 연구결과이다.

마지막으로 연구팀은 소림사의 제2대 주지인 조선(稠禪)선사의 원적 · 출생지 · 인생유전 · 무술유파 등에 깊은 관심을 갖게 되었다. 연구팀은 조선선사와 관련된 많은 문헌과 실증자료들을 폭넓게 참고한 결과, 마침내 조선선사가 젊었을 때 중국역사상 최초로 문헌적인 증명이 가능할 뿐 아니라 당시 많은 무술승려들이 운집했다고 알려진 업하사원(鄴下寺院. 유적이 현재 안양현 善應鎮 경내에 있음)에서 무술을 연마했다는 사실을 밝혀냈다. 서기 512년, 당시 나이 33세였던 조선선사는 업하사원에서 소림사로 옮겨와 소림사 최초의 무술승려가 되었다. 그 후 조선선사가 소림사 주지가 되자 소림사의 무술수련은 더욱 활발해 졌고, 시간이 지남에 따라 점차 정심하고 체계적인 소림무공이 형성되었다.

연구팀의 이러한 결론은 이미 허난성 철학사회과학원 전문가들의 검증을 받은 상태이다. 아울러 "소림무술의 기원은 안양에 있다"라는 주장은 객관적 타당성을 갖게 되었을 뿐만 아니라, 소림무술의 역사적 가치와 의의 나아가 중국무술의 원류와 발전을 연구하는데 있어서도 커다란 의의를 갖게 되었다.

당나라 초기 소림사 승병(僧兵)에서 유래한 무승단(武僧團)의 수련도

공업용 가짜소금 횡행

최근 몇 년 사이 중국전역에서는 가짜소금의 불법유통판매가 널리 횡행하고 있다. 심지어 공업용 소금을 식염에 섞어 팔면서 사람들의 건강을 크게 위협하고 있다.

이에 따라 중국국가경제무역위원회는 지난 2000년 2월초 소금의 불법가공과 판매를 근절하기 위한 긴급훈령을 전국에 내렸다.

다른 지역과 마찬가지로 상하이 시장에도 현재 공업용소금을 가공 포장하여 "하이싱"이라는 가짜상표를 붙인 식용소금들이 발견되었다. 전문가들에 따르면 원래 공업용소금과 식용소금은 외관상 매우 흡사하여 육안으로 분간하기가 어려운데다, 공업용소금을 그럴듯한 가짜포장부대에 넣어서 팔면 진품과 더욱 유사하기 때문에 시민들의 피해가 속출하고 있다고 말한다.

가짜소금으로 인한 시민들의 대표적인 피해사례를 들어보면, 지난 1997년 2월 쟝쑤(江蘇)성에서 상하이에 온 7명의 어민들이 바닷가의 한 음식점에서 점심을 먹은 후, 잇달아 입술과 손톱이 자색으로 변하면서 구토를 일으키고 정신이 혼미에 빠진 사건이 발생했다. 인근병원의 적절한 구호조처로 다행히 5명은 목숨을 구했지만 나머지 2명은 사망하고 말았다. 병원검사 결과 어민들은 가짜소금을 먹은 것으로 밝혀졌는데, 그 가짜소금속에 들어 있던 아황산염의 함량이 무려 70%에 달했다.

또한 1998년 2월 안후이(安徽)성에서 상하이에 온 4명의 노동자들이 불법 유통되고 있는 소금을 구해 먹은 후 중독현상을 일으켜 1명은 죽고 3명은 정신혼란 증세에 빠졌다. 특히 2000년 6월 상하이 인근의 한 시골에서는 8살 된 한 여자아이가 가짜소금과 설탕을 넣고 끓인 죽을 먹고 몇 시간 후 숨진 사건이 발생했다. 다음날 아이의 부모는 딸의 장례를 치르면서 다시 그 가짜소금을 사용하여 만든 요리로 마을 사람들과 친척들을 대접했다. 결과적으로 마을사람들과 친척들은 모두 중독현상을 일으켜 급히 병원으로 후송되어 집중적으로 약물치료를 받은 뒤 겨우 목숨만은 건질 수 있었다.

그러나 가짜소금으로 버무린 사료를 돼지에게 먹인 결과, 돼지 90마리가 집단 중독되었고 그중 20마리는 즉시 사망했다. 병원의 화학실험결과 여자아이와 돼지들의 사망원인은 가짜소금 속에 들어있던 아황산나트륨에 의한 중독사인 것으로 밝혀졌다.

보고서에 따르면 공업용소금속에 들어있는 아황산나트륨은 인체에 치명적인 손상을 끼치는 것으로 밝혀졌는데, 우리 인체 내에 아황산나트륨이 1그램만 들어가면 즉시 중독현상을 일으키고 3그램이 들어가면 사망까지 이르게 된다고 한다.

땅도 넓고 인구도 많은 중국에는 원래부터 가짜상품들이 끊임없이 횡행하는데, 중국당국은 현재 수 많은 가짜상품들 중에서 가짜소금과의 전쟁을 수행중이다.

보험가입자 권익보호 시급

중국보험시장의 신속한 발전에 따라 최근 보험가입자들의 소비자고발피해사건들이 급증하고 있다. 상하이(上海)시 발표에 따르면 2001년 1월부터 4월 사이 상하이시 소비자보호협회에 접수된 각종 보험관련 민원들은 모두 68건으로, 이는 지난 1998년 10월부터 2000년 8월 사이에 접수된 보험관련 민원이 겨우 114건에 불과했던 것에 비하면 엄청나게 증가한 수치다.

접수된 민원내용을 살펴보면 보험가입자들은 보험회사 직원들이 보험 업무에 별로 익숙하지 못하고, 보험인정 범위에 대한 정확한 판단기준이 미흡한 점에 대해 많은 불만을 표시했다. 또한 보험회사들의 보험약관 해석이 매우 자의적이고 보상기준이 지나치게 엄격하며 투명성도 부족한 것으로 드러났다.

한편 각 보험회사 대리점의 일부 직원들이 대리보험 가입 · 대리보험 해제 · 대리보상금 신청 등의 기회를 악용하여 보험가입자를 속이고 보험금을 전용한다든지 보상금을 횡령하는 사례도 속출했다.

한 자동차보험 가입자는 보험에 가입한지 얼마 안 되어 차량충돌 사고를 당하자, 교통관리국의 사고증명서를 첨부하여 보험회사에 정식으로 손해배상을 청구했다. 하지만 5개월이 지나도록 아무

소식이 없어 확인해본 결과, 한 보험사직원이 해당보험금을 횡령하여 이미 잠적해버린 뒤였다. 그 외 일부 대리점 직원들은 보험가입자의 보험증서 원본을 편법으로 입수한 다음, 보험회사의 허술한 관리를 틈타 보험해지라는 방법으로 남의 보험금을 사취하기도 했다.

관련 기관에 따르면 2005년 말까지 중국 보험시장의 보험가입 규모는 총 2천 8백억 위안에 이르렀다. 그중 산재보험은 9백억 위안, 생명보험은 1천 9백억 위안을 차지하며 보험료 수입은 중국 국내총생산액의 2.3%, 일인당 평균보험료는 230 위안이었다. 특히 개인보험 시장의 잠재력이 가장 두드러진 것으로 나타났다.

현재 중국 소비자협회와 전국 소비자협회는 보험가입자들의 권익을 보호하기 위해 보험관련 법률의 제정과 보완을 서두르고 있다. 특히 보험중개시장의 법률제정을 강화함으로써 보험회사들의 성실한 의무이행을 유도하고, 만일 보험가입자들의 합법적 권익에 손상을 입혔을 때는 이에 대한 강력한 제재를 가하고 있다. 또한 보험계약서는 반드시 市 工商局의 심의과정을 거쳐 소비자들의 권익을 보호하는 방향으로 유도하는 등 건전한 소비환경을 조성하는데 힘쓰고 있다.

한편 중국 소비자협회는 보험회사들에 대한 사회적 감독기능을 강화하여 소비자들이 보험 가입 시 무조건 보험회사 직원들의 말만 듣지 말고, 반드시 계약서 내용을 신중히 검토한 다음 보험증서에 서명을 하도록 적극적인 계몽활동을 펴고 있다.

참고로 중국의 보험시장은 손해보험이 25.7%, 생명보험이 74.3%를 차지하고 있고, 손해보험사 실적의 약 70%가 자동차보험이다.

각종 퇴직금 운용과 관리방안

최근 중국정부가 보험금의 주식투자를 허용한 후 사회일각에서는 퇴직금도 주식시장에 투자하여 더 좋은 투자효과를 얻도록 하자는 주장이 나오고 있다.

얼마 전 중국의 노동사회보장부의 법제처와 사회보험연구소는 한 기금관리회사와 공동으로 ≪중국 퇴직보험금의 추산과 관리 연구성과에 관한 보고서≫를 발표하면서, 주식시장에 투자할 수 있는 전국의 각종 퇴직금이 적게는 4백억 위안(元)에서 최대 1천 6백억 위안에 이른 것으로 추산했다.

노동사회보장부는 2년 내 중국의 퇴직금이 1천억 위안에 이르며, 앞으로도 계속 연평균 30 내지 40%의 급성장을 할 것으로 내다봤다. 또한 향후 25년간 중국사회의 각종 기금총액은 1만 8천억 위안으로 연평균 717억 위안의 성장이 예상되고 있다.

전문가들에 따르면 중국사회의 각종 퇴직금이 주식시장에 유입되는데 있어 아직까지 세 가지 장애요인이 존재하고 있다. 첫째 비록 완비된 기금관리기구가 있다 해도 퇴직금에 관한 전문적인 경험과 입법내용이 없다는 점이고, 둘째는 위험요소가 상존하는 주식시장에 퇴직금이 유입되려면 적당한 투자종목이 있어야 하는데 현재 중국의 주식시장에는 이러한 수요를 충족시킬 수가 없다는 점이다. 마지막으로 주식시장의 현 체제와 관리방면의 문제점도 퇴직금이 단시일 내에 주식시장에 유입되는 것을 어렵게 만들고 있다.

얼마 전 베이징(北京)에서 미국의 한 유명한 금융보험회사의 회장이 "퇴직금이란 한 국가의 자본시장과 경제발전에 매우 중요한 작용을 하는데, 중국은 퇴직금을 단계적으로 국채와 주식을 매입하고 나아가 국제시장에 투자하는 것이 바람직하다"고 지적했다. 그는 또한 중국정부가 마땅히 중국경제발전에 미칠 퇴직금의 막대한 영향력을 인정함과 동시에 퇴직금 발전계획과 체제를 체계적으로 마련해야 한다고 주장했다.

예를 들어 2.8억 인구 중 4천만 명이 각종 개인퇴직금 운용계획을 세우고 있는 미국은 지난 20년 동안 2조억불의 퇴직금자산을 축적하여 연평균 15%의 성장속도를 기록했다. 칠레는 1980년부터 퇴직금제도를 개혁하여 지난 20년 동안 370억불의 퇴직금자산을 확보했는데 퇴직금제도 가입인구는 총인구의 40%를 차지하고 있다. 이처럼 다년간 누적된 막대한 퇴직금은 한 국가경제 성장에 중요한 밑거름이 되고 있다.

투자에 대한 방식과 위험성 및 수익에 관한 종합적 평가를 통하여 전문가들은 안전성과 유동성을 함께 고려하여, 현재까지 중국 퇴직금투자의 가장 좋은 선택은 바로 국채라고 결론짓는다. 한편 중국정부는 적극적인 재정정책으로 국채발행규모가 매년 증가하고 있는데, 지난 2000년 말까지 국채규모는 이미 GDP의 14.55%를 차지했다.

그러나 만일 퇴직금으로 상장되지 않은 국채만을 사들인다면 그 유동성에 어느 정도의 영향을 받게 될 것이다. 만일 구매한 국채의 유동성이 부족하면 시장화이율이 하락하게 되어 그 수익률 또한 큰 폭으로 떨어질 것이다. 현재 이미 발행된 중국국채는 품종이 단일하고 기한이 불합리하며 상장후 유통되고 있는 숫자가 제한적인 결함들이 있어, 퇴직금의 선택범위와 종류를 제약하고 있다. 전문가들은 중국정부가 앞으로 국채기금이나 화폐기금과 같은 다양한 유형을 개발하여 퇴직금의 선택범위를 넓혀야 한다고 주장한다.

국제 유명 속달회사들의 각축장

중국의 속달우편인 EMS는 지난 1980년대 초에 국제 업무를 개시했고 DHL도 거의 동시에 중국시장에 진출했다. 그 후 TNT와 FedEx도 계속해서 중국시장에 진입하였고, 2001년 4월에는 FedEx · UPS · DHL · TNT 등 국제 '四大' 속달회사들이 한꺼번에 중국 내에서 본격적인 경쟁에 돌입했다. 이들 四大 속달회사들이 20%의 고성장을 보이며 중국시장을 잠식해 들어감에 따라, 그동안 국제 속달업무의 97%를 차지하고 있던 EMS는 현재 시장점유율이 40%까지 하락하게 되었다.

중국우체국의 EMS업무는 크게 국제속달, 국내속달, 성내(省內)속달 등으로 나눌 수 있다. 외국속달회사들이 아직까지 중국 내 속달업무를 허가받지 못했기 때문에 EMS의 국내속달업무는 상대적으로 비교적 안정적이다 할 수 있는데, 현재 70% 이상의 국내시장점유율을 보이고 있다.

EMS는 1980년대 중반에 시내업무를 시작했는데 1980년대 후반이 되자 수많은 소형속달회사들이 등장하기 시작했다. 시내속달업은 많은 자금과 많은 기술 인력이 필요하지 않기 때문에 소형 불법속달회사들이 우후죽순처럼 생겨났다. 통계에 따르면 현재 상하이시에만 모두 6백여 개의 크고 작은 속달회사들이 성업 중이지만,

공상관리국에 정식 등록한 것은 겨우 250여개에 불과하다.

관련업계의 분석에 의하면 중국 내 속달시장은 이미 중국 철도속달운송과 민항속달을 대표로 하는 국내 속달회사들이 특급속달 업무에 대해 군침을 흘린 지가 오래 되었으며, 최근 몇 년 사이 발전 속도도 매우 빠르다고 한다. 하지만 상하이시 우정국(郵政局)의 한 인사는 EMS의 장점은 바로 복합 망에 있고, 단말기를 확장시키는 것이 민항이나 철도에 비해 훨씬 더 유리하기 때문에, 중국 철도운송과 민항속달은 여전히 EMS에게 커다란 위협이 되지 못한다고 말한다.

국내속달시장의 유리한 고지를 유지하기 위해 상하이시우정국 시내속달회사는 몇 년 전부터 시내 EMS우편물을 市중심지 지역은 2시간 내에 배달하고, 市 외곽지역은 3-4시간 안에 배달을 완료함으로써 철저한 가격경쟁을 실시하고 있다.

한편 중국은 2001년 12월 세계무역기구(WTO) 가입을 계기로 속달업무가 전면적으로 개방되어 중국 내 속달시장은 심한 경쟁상태에 돌입했다. 이에 EMS는 2001년 3월부터 이미 중국우정국 항공특급 운송망을 개통하여 각 省소재지간 우편물 배달율을 58%까지 높이는 등 서비스 향상과 안정적인 시장관리에 힘쓰면서 국내외 도전에 나름대로 만전을 기하고 있다.

상하이(上海)시 "만능 교통카드"제 시행

상하이시는 지난 1999년 정식으로 시내 공공교통 부문에 '만능 교통카드'를 시행했다. '만능카드' 사업은 우선 지하철과 시내 교통량이 많은 지역의 일부 노선 및 각 선착터미널 등에 전산망을 구축하여 시험 개통한 후, 3년간의 시험운행을 거쳐 경전철과 택시업계를 포함한 공공교통 전 부문으로 시행되었다.

홍콩 특별행정구는 1997년 9월 1일부터 일명 '빠따퉁(八達通)'이라 불리는 시내 교통카드를 대대적으로 사용하여 발행량이 현재 5백만 장에 이르고 있고, 그중에는 두 세장의 카드를 소지하고 있는 출퇴근 자들도 있다.

'만능 교통카드'는 아직까지 유럽의 일부 소도시에서만 사용되고 있을 뿐, 워싱톤 · 시카고 · 런던 · 싱가포르 같은 유명한 국제도시조차 현재 부분적인 시행과정에 있거나 구상 중에 있을 뿐이다.

상하이시 관련업계에 따르면 현재 하루 평균 시내교통 이용자는 약 5백만 명 정도인데, 그중 지하철이 약 30만(2호선이 개통되면 약 100만으로 추정), 선박이용자가 약 60만에 이른다. 그러므로 어림잡아 3년 내 카드발행량이 근 5백만 장에 육박할 것이고, 카드구매자도 출퇴근 족과 학생중심에서 타 지역의 상하이시 유입인구와 일반 여행객까지 포함될 전망이다.

상하이 창성(昌盛)그룹이 1995년 7월 전국 최초로 접촉식 영업용 IC카드를 발행하여 현재 약 54만장의 발행량을 기록하고 있다. 상하이 택시업계도 업계내부용 통일카드를 발행하기 위해 노력한 결과, 현재 영업용 택시 '룽(龍)' 카드의 전산망에는 상하이시 대부분의 택시업계가 가입되어 있다.

상하이시 교통업계는 1995년부터 1996년까지 접촉식 공공교통카드를 발행한 적이 있었는데 당시 적지 않은 문제점들이 노출되어 시민들의 주의를 끌지 못했고, 그 후 다시 비접촉식 지능카드를 발행했으나 카드사용자가 여전히 적었다. 하지만 이번 '만능 교통카드'의 등장은 상하이시 공공교통 부문에 획기적인 변화를 가져올 것이고, 시민들도 거스름돈을 받거나 여러 장의 카드를 휴대해야 하는 번거로움에서 벗어날 전망이다.

장차 선보이게 될 비접촉식 지능카드는 사용 시 지하철이나 부두의 갑판 또는 공공버스안 요금함 앞을 한번 스치기만 하면 차비가 자동으로 공제된다. 계산 처리된 차비는 요금함 기계장치에 의해 모 지하철역이나 모 운수회사의 마이크로계통에 전달되어 각각 처리된 후, 다시 전 운수업계 중앙전산관리시스템에 전달되었다가 마지막으로 최상급의 중앙계산시스템에 전달되는 등 전체 시스템이 매우 복잡하다. 현재 핵심 칩은 화홍그룹 연구팀에 의해 전문적인 연구가 진행되고 있는데 장차 완전국산화가 이루어질 전망이다.

그러나 어떤 전문가는 이 시스템이 요구하는 과학기술 수준이 매우 높고 규모가 방대하며 관련업계도 많기 때문에 그 위험성도 매우 크다고 경고한다. 만일 시스템 운행상 만분의 일이라도 고장이 발생된다면 결과적으로 엄청난 문제를 야기할 것이다. 홍콩의 "빠따퉁"도 최초 운행 3개월 동안 자주 매체노출 현상이 발생

됐는데, 이번 "만능카드"도 일정기간 동안 많은 문제점을 드러낼 것이다.

하지만 "만능카드"가 장차 중국사회에 새로운 정보와 관련 산업의 발전을 가져올 수 있고, 시민생활과 도시관리 수준을 제고시킬 수 있다는 측면에서 긍정적인 의의가 더 크다고 하겠다.

컴퓨터 범죄 급증

중국네트워크 정보센터(CNNIC)가 제공한 최근 통계에 따르면 중국 내 인터넷 가입자 수는 대략 반년마다 두 배로 증가하는 급증세를 보이고 있다. 통계에 따르면 지난 1999년 말까지 중국의 인터넷 가입자 수는 이미 천만 명을 넘어섰다. 인원 분포를 보면 여성 비율이 15%로 전년도에 비해 두 배가 증가했고, 21세에서 31세까지의 인터넷 족이 1.4% 감소한 67%를 기록했으며, 고졸 이하의 학력자들도 3백% 증가한 14%를 기록했다. 이 같은 사실은 중국 인터넷 접속자들이 날로 다원화되면서 전 중국이 네트워크에 의해 급속도로 연결되고 있음을 의미한다.

이에 따라 중국은 최근 컴퓨터 범죄가 급증하고 있다. 1998년에 집계된 범죄 수는 1997년에 비해 7배나 늘어났고, 지난 2000년 상반기에만 금융범죄가 이미 전년도 전체 범죄 수에 육박하고 있다. 이러한 경이적인 수치는 당시 상하이(上海)에서 개최된 전국 컴퓨터안전 학술교류회의를 통해서 이해할 수 있다. 당시 회의에는 각급 과학기술연구소와 기업 그리고 공안부 등에서 참가한 전문가들이 정부와 금융계의 네트워크 안전문제 및 컴퓨터 범죄에 관하여 토론을 벌였다.

회의에 참가한 공안부 공공정보망 안전감찰국에 따르면 전체적으로 보아서 중국의 컴퓨터 범죄수치와 종류는 다른 선진국들에 비해 아직은 많은 차이가 있지만, 그 발전 속도는 결코 과소평가할 수 없다. 전통적 범죄에 비해 컴퓨터 범죄는 수단이 은폐되어 있고, 범행 장소와 범행피해 장소가 천리 밖까지 떨어져 있어 정찰과 증거수집에 매우 곤란을 느끼고 있다고 한다. 이런 범죄수사에는 상당히 깊은 전문적 지식을 요구하기 때문에, 법원과 검찰원은 전문수사요원 확보라는 새로운 문제에 직면해 있다.

보편적으로 컴퓨터 범죄자의 연령층이 낮고 대부분 학생들이기 때문에 그들의 법률상식이 부족하고, 저지른 범죄수단도 대부분 부모나 선생들이 끼어들 수 없을 정도의 높은 수준이어서 범죄예방에도 많은 문제가 있다. 그 외 인터넷에는 국경이 없고 국외의 불법자들이 무형의 네트워크를 통해 마음대로 국내에 잠입하여 범죄를 저지를 수 있기 때문에, 비록 중국 국내 네트워크가 이제 막 초보단계지만 현재 인터넷 범죄를 소탕한다는 것은 거의 불가능한 실정이다. 중국 국내 각급 네트워크는 정도는 다르지만 거의가 해커의 침입을 받았고 보도된 사건 만해도 매년 수백여 건이 넘는다. 중국과학원 고에너지연구소 연구원이며 해커 방비용 소프트웨어 "왕웨이(網威)"를 개발한 쉬룽성의 검사결과에 따르면, 중국 국내 네트워크의 90% 이상이 치명적인 허점을 보이고 있는 것으로 알려졌다.

마지막으로 회의에 참가한 전문가들은 무엇보다도 먼저 각계 지도자들이 컴퓨터 안전문제에 대해 충분히 인식하고, 가능한 한 빨리 정부부처의 네트워크와 전자상거래 등에 관한 미비된 전자정보 법률체계를 정비해야 한다고 강조했다.

가스 동력 보조차 개발 중

최근 들어 중국에서는 동력보조차량이 널리 유행하고 있다. 동력보조차란 경(輕)오토바이에 해당되는 차량으로 자전거처럼 편리하고 기동성이 뛰어나며 동력을 이용하여 주행하기 때문에, 힘과 시간을 절약할 수 있으며 가격 또한 저렴하여 출퇴근 족들이 갈수록 선호하고 있다. 그러나 환경오염과 소음공해가 심하여 적지 않은 교통문제를 일으키자, 얼마 전 중국 각 성(省)정부에서는 배기량 50CC 이하, 시속 50KM 이하의 동력 보조차 운전자는 반드시 해당 차량의 운전허가증을 소지하도록 했다.

2기통 오일 동력보조차가 처음 등장한 후 중국 전역에서 선풍적인 인기를 끌었으나, 소음이 크고 오염이 심한데다 일부 상인들이 임의대로 차량을 개조하는 등 교통질서를 크게 어지럽혔다. 이에 상하이 시정부는 1996년 7월 동력보조차량에 대한 허가증을 더 이상 발급해주지 않기로 결정했고, 8월부터는 "오일 동력보조차량의 총생산량을 억제하고 기존차량을 엄격히 관리하며 과도기를 거쳐 점차 신형차로 교체해 나간다"는 원칙을 발표한 결과, 50만대에 이르던 오일 동력보조차량의 수가 점차 감소되는 듯했다.

그러나 이러한 조처에도 불구하고 상하이 공공교통 시설의 미비와 도시권역의 확대 그리고 시민들이 도심에서 외곽으로 이주함에 따른 교통상의 불편으로 인하여, 동력보조차량에 대한 시민들의 수요가 증가된 데다 허가증 없이 운행하는 '헤이처(黑車)'까지 등장하여 시의 오일 동력 보조차의 총수는 이미 50만대를 초과해 버렸다.

한편 상하이시 기술감독국은 상하이시 가스동력 보조차에 관한 세 가지 원칙을 발표했는데, 이는 상하이의 가스 동력보조차가 제조기술상 이미 성숙단계에 접어들었음을 의미한다. 상하이시 계량측정시험기술 연구원인 화엔친에 의하면 이 세 가지 원칙에는 '가스 동력보조차용 연료장치'와 '폭발억제소재를 이용한 가스 동력 보조차 전용연료통' 그리고 '가스동력 보조차 전용연료' 등이 있다.

액화석유가스를 사용하는 가스 동력 보조차의 폭발 위험성에 대하여 그는 새로 발표된 기준에는 이 문제를 충분히 고려했기 때문에 아무런 위험이 없다고 했다. 즉 전용연료통의 안전성을 더욱 높이기 위하여 연료통내에 폭발억제 소재를 장착함으로써 연료폭발시 원상태를 계속 유지할 수 있게 했다. 또한 불꽃이 발생했을 때 불꽃이 전파되는 것을 막고 동시에 열량을 신속히 흡수하여 폭발을 억제시키고, 주행 중에 발생할 수 있는 액체의 유동을 감소시킴으로써 정전현상을 제거하고 폭발사고의 위험성을 피할 수 있다고 말한다.

새로운 규정에 따라 사용되는 연료는 섭씨 영하 5도에서 영상 60도까지 안전하기 때문에, 무더운 여름철 장거리 운행 중 노면의 고온으로 인한 천연가스의 폭발 위험성은 결코 없다고 전해진다. 이에 따라 현재 상하이시 소재 여러 과학기술연구소와 기업들이 적극적으로 가스 동력 보조차의 개발에 박차를 가하고 있다. 상하이 '711 연구소'의 고급기술자 리젠퀀은 LPG 동력 보조차의 생산이 이미 성숙단계에 들어섰으며, 그 안전성이 뛰어나고 환경보호에도 적합하다고 말한다. 또한 상하이시 환경감독센터가 실시한 배기검사 결과 4기통 LPG 동력 보조차의 일산화탄소 배출량은, 기존 오일 동력 보조차의 1%, 탄화수소는 오일 동력 보조차의 2.5% 밖에 되지 않는 것으로 나타났다.

따렌(大連)시 건설 백주년 기념조형물 조성

중국 따렌사람들은 뛰어난 현실의식과 낭만적인 정취로 유명하다. 이에 대한 구체적인 실례로 현재 조성이 한창인 따렌시 건설 백주년 기념조형물을 들 수 있다.

이 작품은 전국적으로 모집한 열아홉 개의 응모작 가운데 선정된 것으로, 따렌 시내에서 해변으로 이어지는 중앙선상에 크고 작은 발자국들이 가득 새겨져있는 작은 길이 나있고, 그 길 후반부는 넓고 평평하게 펼쳐져 있는 한 권의 책속으로 연결되어 있다.(사실상 이 책은 넓이 50미터, 길이 100미터 규모의 자그마한 광장이다) 그러다가 발자국들은 책의 중앙부분에서 사라지고 그곳에는 천진난만한 아이 두 명이 해변에서 모래 탑을 높게 쌓고 있는 모습의 조형물이 있다.

현대파의 색채가 강한 이 작품을 사람들은 '길'이라고 부른다. 중앙미술대학 예술부에서 근무하는 작품설계자 하오쭝하이는 중국의 저명한 현대 문학가이자 사상가인 루쉰(魯迅)의 "세상에 본디 길이란 없는 법, 걷는 사람이 많아지면 길은 저절로 생겨나기 마련이다.."라는 명언에서 바로 이 작품에 대한 영감을 얻었다고 한다. 전체 작품 중 가장 낭만적인 부분은 바로 길이 80미터의 노상에 새겨져 있는 따렌 사람들의 1천 쌍의 발자국들인데, 이것은 그동안 따렌시가 걸어온 기나긴 역사적 노정을 상징하고 있다. 이 1천 쌍의 발자국중 7백 쌍은 시정부에서 직접 모집했고, 나머지 3백 쌍은 유상방식으로 일반 시민들 중에서 모집했다고 한다.

조형물 건설책임자에 따르면 백주년 기념조형물은 이번 따렌시 기념사업중 가장 상징적인 사업으로, 따렌시는 물론 다른 도시들의 많은 관심을 끌고 있다. 발자국 모집을 책임지고 있는 왕쓰핑은 시정부에서 백세 노인, 늙은 혁명군인들, 인민대표회의 대의원, 정치협상회의 위원, 모범노동자, 군인, 각계 유명인사, 소수민족 대표, 장애인, 청소년과 아동대표 등 다양한 계층의 사람들을 모집대상으로 선정했다고 한다.

사회에서 유상방식으로 모집한 일반인 3백 쌍은 가격이 1인당 인민폐 5천원인데도 수많은 사람들이 몰려들자, 주최 측은 거주지와 직장단위의 추천을 통한 엄격한 심사과정을 거쳐 검증된 '귀한 발' 만을 선정했다고 한다.

금년 58세의 어떤 퇴역군인은 일생동안 파란만장한 삶을 살면서도 잠시도 부인과 헤어진 적이 없는 사실을 기념하기 위해 선뜻 인민폐 1만 위안을 들여 부인과 함께 발자국을 영원히 남겼으며, 디자인 회사에 다니는 이 모 씨 일가족 셋은 이 행사의 아이디어가 너무나 기발하여 거금 1만 오천 위안을 들여 전 가족의 발자국을 남기기도 했다.

체육산업 호황중

일반적으로 체육산업, 특히 축구는 영화산업이나 다른 오락산업에 비해 경제수익이 훨씬 더 좋은 것으로 알려져 있다. 그리고 돈 벌 수 있는 절호의 기회는 지금 바로 중국에 집중되어 있다. 중국의 체육시장은 아직 완성단계가 아니기 때문에 외부의 지원이 필요하지만, 중국국가계획위원회 산업경제연구소의 통계에 따르면 최근 연속 20여 개월 동안 물가의 마이너스 성장 중에도 체육소비만은 거꾸로 상승세를 타고 있어 놀랄만한 시장잠재력을 보여주고 있다.

중국체육계는 그동안 주로 경기를 둘러싼 '금자탑'형의 관리체제를 유지해 왔는데, 시장경제의 발달에 따라 이런 제도는 중국 체육산업의 발전을 크게 저해하게 되었다. 이런 의미에서 중국의 체육산업은 잠자고 있는 하나의 거대한 '금광'에 비유된다.

1994년에 이르러 중국국가체육위원회는 공식적으로 체육을 산업성을 지닌 사회공익사업으로 규정했다. 같은 해 추진된 프로클럽을 중심으로 한 중국축구 甲級 리그는 중국 체육경기의 프로화를 촉발시켰다. 5년 동안 甲A, 甲B 그리고 乙級 리그에 참가한 클럽들만 모두 40여 개에 이르렀고, 甲A 리그의 관중 수는 천만 명을 돌파했으며 그동안 각종 매체를 통하여 축구중계와 녹화방송을 청취한 사람만 16억 명을 넘어섰다.

이러한 거대한 시장을 두고 지난 2000년 중국축구협회는 대담하게 중국 중앙방송국에 공개적으로 TV중계권 할인 요구를 제기함으로써 쌍방간에 얼굴을 붉히는 사태로까지 이어졌다. 결과적으로 중국축구협회는 중앙방송국을 포함한 3개 방송국과 중계협정을 맺고 중앙방송국은 3년간 1100만 위안, 중국체육방송국은 1년 동안 390만 위안, 위성방송국은 1년 동안 440만 위안(元)을 각각 지불하기로 하는 등 3개 방송사로부터 1년 동안 근 1200만 위안의 수익을 올리게 되었다.

이와 동시에 국가체육총국은 ≪전국민 건강운동계획≫을 시행하여 군중체육을 사업의 핵심내용에 포함시켜 중국 체육인구를 4억 명까지 끌어 올린 결과, 중국은 세계에서 체육인구가 가장 많은 나라가 되었다. "돈을 들여 건강을 사는" 풍조도 갈수록 유행하여 베이징시에서만 현재 시 전체에 5천여 개의 유료 운동장이 있는데, 1998년 한해의 수익이 6억 위안, 납세 세금만 8천만 위안에 이르렀다.

그러나 중국 체육산업의 발전은 선진국에 비해 아직까지 많은 차이를 보이고 있다. 1997년 중국 체육산업이 창출한 증가치는 GNP의 0.6%를 차지한 반면, 선진국의 동일지표는 이미 5%를 넘어섰다.

중국 체육시장의 출발이 비교적 늦은 관계로 체육광고, 체육정보, 체육시장 관리, 체육경영 등에서 발굴·개척·경영해야 할 시장성이 무궁무진하다. 체육산업의 범위도 매우 광범위하여 체육관계 제1·2·3차 산업이 모두 그 속에 들어 있다.

중국, "十五" 국가발전계획 발표

지난 2001년 3월 중국국무원 주룽지(朱鎔基)총리는 제9차 전국인민대표대회에서 "국민경제와 사회발전 제10차 5개년계획에 관한 보고"를 발표했다.

보고서 전문은 크게 '九五'기간 국민경제와 사회발전에 대한 회고 · '十五'기간 달성목표와 지도방침 · 농업기초 확립과 농민수입 증대방안 · 산업구조의 발전적인 개편 · 서부 대개발과 지역간 균형적 발전 · 과학교육 육성과 인력개발 · 개혁 가속화와 대외개방 확대 · 인민생활 개선과 사회보장제도 완비 · 지속적인 발전전략 수립 · 정신문명과 민주법제 및 국방건설 등 10개 부문으로 구성되었다.

향후 5년간 중국경제와 사회발전의 주요목표는 중국경제가 고성장을 유지할 수 있도록 경제구조를 전략적으로 재조정하는 것이다. 경제성장의 질과 효율성을 함께 제고시켜 2010년도 국내총생산이 2000년도의 배가 되게 한다는 야심에 찬 계획이다.

여러 가지 요인들을 종합적으로 고려하여 "十五"기간 중 연평균 경제성장률을 7% 정도, 2005년도(2000년도 화폐가치 기준) 국내총생산은 12.5억 위안, 일인당 평균 국내총생산은 9400위안으로 잡고 있다. 이는 비록 "九五"기간 경제성장률보다 낮은 수치이나 여전히 고성장에 속한다.

경제구조조정의 주요목표는 산업구조의 개편과 국제경쟁력 강화이다. 2005년도 국내총생산중 제1, 2, 3차 산업이 차지하는 비중은 각각 13%, 51%, 36%가 된다. 국민경제와 사회정보화 수준도 뚜렷이 향상되고 사회기반시설도 완비된다. 또한 중소도시의 발전이 가속화 되어 지역간 격차도 크게 해소된다.

2005년도 전체사회의 연구와 개발에 드는 비용은 국내총생산의 1.5% 이상을 차지하여 과학기술 개발능력과 기술의 진보가 예상된다. 각급 학교교육도 크게 발전하여 9년제 의무교육제도가 뿌리를 내리고 중학교 진학률은 90% 이상, 고등학교와 대학교 진학률은 각각 60%와 15%에 이를 전망이다.

세계적 관심사인 중국인구의 자연증가율은 9% 이내로 억제되어, 2005년도 전국 총인구는 13.3억 명 이내로 유지할 계획이다. 악화된 생태환경보호에도 치중하여 산림면적을 18.2%로, 도시녹화면적을 35%로 끌어 올린다는 계획이다. 또한 과학기술 개발과 상품의 품질향상, 그리고 시장의 다원화를 통하여 대외무역수출을 증대시켜 2005년도 대외무역 총수출 액을 6800억 달러로 잡고 있다.

마지막으로 중국정부는 타이완 문제를 조속히 해결하고 조국의 완전한 통일을 달성하기 위해 기존의 “평화통일, 일국양제(一國兩制)”통일원칙을 계속 견지하는 한편, 특별행정구인 홍콩과 마카오의 독자적인 정책을 적극 지지하여 두 지역의 장기적인 번영과 안정을 보장한다는 방침을 재확인했다.

현대중국의 문화·관광

중국의 성묘문화

중국 사람들은 매년 청명절(淸明節)이 되면 조상의 묘를 찾아 성묘를 한다. 옛말에 "만물이 이때가 되면 모두 깨끗하고 청명하게 된다(萬物生長此時, 皆淸潔而明淨)"고 하는 청명절은 24절기중의 하나로, 음력으로는 2월이나 3월이 되지만 양력은 매년 4월 4일이나 5일에 해당된다.

청명절은 또한 한식날과 깊은 관련이 있다. 청명절보다 이틀 앞서는 한식은 원래 중국 춘추시대때 진(晉)文公의 충신 개자추(介子推)가 불에 타죽은 것을 기리기 위해 이날 찬 음식을 먹고 조상에 성묘를 했는데, 당(唐)대에 이미 민간풍습으로 자리 잡았다가 송(宋)대에 이르러 한식과 청명절을 한데 묶어 성묘와 봄놀이를 하는 중요한 명절로 되었다. 오늘날 중국에는 한식날의 옛풍속은 거의 자취를 감췄으나, 청명절 성묘와 봄놀이 문화는 여전히 남아 있다.

중국 속담에 "인생은 다섯 빛깔의 길이요, 여로의 인생길은 마침내 그 끝이 보이네" 라는 말이 있다. 중국의 공원묘지는 언뜻 보면 묘원인지 화원인지 구별이 잘 안된다. 사방으로 뻗은 묘지 길은 그 끝마다 커다란 화원이 조성되어 있는데, 일반적으로 묘지 전체면적의 5분지 1 가량이 정원림으로 조성된다. 정원림에는 인공산과 인공호수가 있고 물이 휘감고 돌아가는 정자와 아치형 다리들이 있다. 또한 온갖 화초와 울창한 수목들이 묘지 주변길을 가득 채우고 있다. 특히 길 양쪽을 따라 끝없이 이어지는 우람한 측백나무 숲은 매우 인상적이다. 심지어 어떤 공원묘지에서는 전적으로 죽은 영혼만을 위해 제작된 배경음악을 묘지전역에 들려주기도 하는데, 모든 비석에는 그림 한 폭과 시 한수와 함께 새겨져 있다.

그러나 요즘 중국도 몰지각한 성묘객들 때문에 공원묘지의 주변 환경이 날로 오염되고 있다. 일반적으로 중국 사람들은 공원묘지를 찾아 죽은 망자를 위하여 향과 촛불을 피우는 것 외에도 제사용 지전(紙錢)과 각종 제사용품들을 불사른다. 이 때문에 불꽃이 사방으로 번져 오르고 연기와 종이 재들이 하늘로 치솟아 화재의 위험은 물론 묘지주변을 크게 오염시킨다.

특히 청명절 성묘를 이용한 봄놀이 행락객들 때문에 묘지주변은 수많은 사람들과 차량행렬로 혼잡하게 되고, 주변 잔디밭은 온통 사람들이 먹다버린 음식물찌꺼기와 맥주병 각종 캔류 일회용품 음식용기들로 어지럽혀 있다. 한편 최근 몇 년 전부터 공원묘지에서 폭죽을 터뜨리는 일이 유행하고 있는데, 폭죽이 요란하게 터진 곳은 자욱한 연기로 뒤덮이게 되어 마찬가지로 화재의 위험과 함께 묘역 환경을 크게 오염시킨다.

어떤 인사는 청명절에만 집중된 성묘의 혼잡을 피하기 위해서는 죽은 망자의 생일이나 기일 또는 국경절 공휴일 등도 적극적으로 활용해야 한다고 주장한다. 중국사회도 이제는 바람직한 성묘문화와 행락문화가 요구되고 있는 것이다.

성묘객들에 의해 여기저기 내버려진 쓰레기들(사진 상)과 성묘객들이 종이로 만든 각종 제수용품을 태우면서 그을려 죽은 측백나무들(사진 하)이 오늘날 중국인들의 성묘문화 의식을 대변해주고 있다.

윈난(雲南)성 소수민족 복식(服飾) 전람회

중국은 전체인구의 절대다수를 차지하고 있는 한족(약 92%)과 나머지 55개 소수민족(약 8%)으로 이루어진 다민족(多民族) 국가이다. 이들 55개 소수민족 중 25개 민족만이 인구 5천명 이상을 유지하고 있다. 현재 윈난성(雲南省)에는 중국 내에서 가장 많은 25개 소수민족이 거주하고 있는데, 그 중 15개 소수민족들은 유일하게 윈난성에만 거주하고 있다. 또한 이들 25개 소수민족들의 총인구수는 윈난성 전체인구의 3분지 1을 차지하고 있다.

이런 이유로 윈난성 쿤밍(崑明)시에서는 해마다 윈난성 내 25개 소수민족들의 다양한 행사들이 개최된다. 그 중에서도 소수민족 복식전람회는 매우 다양하고 독특한 행사내용으로 유명하다. 화려한 색채와 아름다운 문양(紋樣)을 자랑하는 각 민족 복식에는 문자로 기록할 수 없는 자신들만의 역사와 말로 표현할 수 없는 소수민족들의 애환, 그리고 그들의 선조들이 오래도록 추구해왔던 바램과 동경 등이 잘 나타나 있다.

소수민족 복식들은 주로 면・삼・견직・가죽 등의 재료로 만들어졌고, 금은보석・짐승뼈・새깃털 등의 장식들이 곁들여져 재단이 매우 독특하다. 특히 이러한 복식들의 이면에는 각각 서로 다른 유래가 있어 관람자들의 발길이 끊이지 않는다. 예를 들어 쭈앙(壯)

족과 미아오(苗)족 자치주에서 출품된 미아오족의 날염(捺染)복식은 온통 점과 선으로 구성된 기하학적 도형들로서, 매우 아름다우나 그 뜻을 이해하기가 몹시 힘들다. 윈난성박물관의 량쉬 교수에 따르면 이 도안들은 바로 미아오족 선조들이 피와 눈물로 쓴 자신들의 移住史이다.

미아오족들은 최초에 중원일대에서 생활하다가 후에 여러 가지 원인으로 서서히 서남쪽으로 이동하게 되었다. 복식도안중 물결모양의 홍록색 꽃무늬는 그들이 넘었던 강과 하천을, 하나하나의 둥근 꽃무늬 자수는 그들이 강제로 떠나야했던 연못들과 자신들이 세웠던 성채들을, 서로 엇갈린 모양의 무늬들은 그들이 고난 속에서 부지런히 개간했던 토지와 전답들을, 많은 꽃송이들은 그들이 수확한 벼이삭과 과실 등을 각각 의미한다. 미아오족은 바로 이러한 역사적 과정을 거쳐 최후로 윈난・후남(湖南)・꾸이조우(貴州)성 등지에 안주했던 것이다.

한편, 이(彝)족 부녀들은 결혼 전후에 각각 "닭벼슬 모자"와 "말재갈 모자"를 쓰게 되는데 이 두 가지는 모두 수탉의 형상을 닮고 있다. 그들이 입은 옷소매와 바지자락에는 등나무가지 문양이 수놓아져 있다. 기록에 의하면, 먼 옛날 이족 선조들이 산간분지에서 쫓겨나 깊은 밀림으로 들어가게 되었는데, 그곳에서 황무지를 개간하고 벌목과 사냥을 하는 과정에서 많은 사람들이 지네와 독사에게 물려 죽었다. 결국 집집마다 모두 닭을 길러 지네의 危害를 극복했던 이족사람들은 훗날 수탉과 암탉 모양의 모자를 만들어 씀으로써 닭에 대한 그들의 경의를 표했다. 등나무넝쿨 도안은 그들이 고산밀림을 지날 때 등나무넝쿨과 나뭇가지의 해를 입지 않기 위함이다. 이처럼 이족의 복식사는 자연의 역경을 헤치면서 생존을 도모한 그들만의 역사적 기록인 것이다.

중국의 각 소수민족 복식사에는 또한 재미있는 신화와 전설이 전해지고 있다. 예를 들어 떠양(德昂)족 부녀들은 평상시 허리에 꽃무늬가 새겨진 등나무 띠를 차고 다닌다. 이것은 옛날 나비처럼 날아다니던 떠양족 처녀들을 붙잡아 두기 위하여 떠양족 총각들이 등나무넝쿨로 정성들여 짠 허리띠를 연인에게 선물하여 허리에 차게 함으로써 두 사람이 안심하고 행복하게 살아간다는 전설에서 유래한 것이다. 우리는 이를 통해 모계사회에서 부계사회로 넘어가는 인류사의 변화과정과 혼잡한 혼인에서 짝을 짓는 혼인으로 변모해가는 흔적을 엿볼 수 있다.

한편 옛날부터 대부분의 민족들은 자연재해와 전쟁으로 인한 인구격감과 종족멸종의 수난을 겪어 왔는데, 이들이 바로 갈망해온 다산(多産)과 종족번창은 소수민족 복식의 중요한 내용을 차지하고 있다. 이를 증명하듯 중국소수민족 복식전람회에 출품된 대부분의 민족복식에는 어린애 모양의 꽃 도안이 많이 등장한다. 즉 이족부녀자의 치마에는 손에 손을 잡은 수많은 아이들이 수놓아져 있어 걸을 때마다 따라 움직이며 춤을 춘다. 또한 석류와 나비 문양도 허리띠에 많이 장식되는데, 속에 알이 많은 석류는 다산을 상징하고 나비는 왕성한 자손번식을 상징한다.

'99 상하이(上海) 관광축제 개막

'99 상하이 관광축제가 지난 1999년 10월 16일 동방명주(東方明珠) 공원에서 국내외 수많은 관광객들이 참석한 가운데 성대하게 열렸다. 민속축제, 전국음식축제, 맥주축제, 태국식품축제 등도 동시에 열린 이번 관광축제 기간 중, "지하철을 시승하여 변모된 상하이시를 체험하며 신세기를 맞이하자"는 구호아래, 일반시민들은 2000년 초에 개통될 지하철 2호선을 미리 시승하면서 기쁨을 감추지 못했다. 또한 263미터의 동방명주탑 전망대에 올라서서 면모가 일신된 상하이시 모습에 한결같은 탄성을 자아냈다.

상하이시는 관광명소가 밀집된 도시로 이번 축제기간동안 상하이 빠오룽그룹, 후이뤄기업, 퉁융자동차회사 등 여러 기업들은 화려한 꽃장식을 한 수레와 차량들을 이용하여 대대적인 기업홍보에 열을 올렸다. 집집마다 어린 "황제"들은 거리의 대형 케이크차를 뒤따르며 공동생일축하연에 참가했고, 신혼부부들은 장미꽃으로 화려하게 장식한 무개차를 타고 시내를 지나면서 행복해했다.

한편 250명으로 구성되어 개막식 선봉에 선 악대는 상하이 무장경찰, 상하이 경비대, 융창여자관악대 그리고 몇몇 중학교 학생들로 구성된 혼성악단으로, 연령별로는 나이가 가장 많은 70세에서 금년 겨우 6살짜리 어린애까지 다양했다.

그 외 국내외 연예인들도 대거 참가했는데, 장고춤을 자랑하는 연변 조선족 처녀들은 사람들에게 강한 민족정서를 느끼게 했고, 홍콩 관광협회사무소 직원들이 독특한 유럽 풍적(風笛)연주를 하여 사람들의 눈길을 모았다. 행렬 마지막에는 싱가포르 등 화교국가들과 홍콩 · 상하이 · 허난지방 등에서 참가한 거대한 용들의 행렬이 이어졌는데, 오색광채를 발하며 구름과 안개를 삼킬 듯한 기세가 천지를 뒤덮었다. 또한 발레단 소녀들이 시민들 앞에서 춤을 추고 징과 북소리가 하늘에 울려 퍼짐과 동시에, 기구가 하늘에서 터뜨려져 지상으로 쏟아지자 개막식 열기는 최고조에 달했다.

한편 지난 10월 20일에는 제4회 상하이 국제영화제가 상하이 국제회의센터에서 화려하게 막을 올렸다. 세계 46개 국가와 지역 총 235개 영화사에서 386편의 영화를 출품하여 세계가 중국을 이해하고 중국이 세계를 이해할 수 있는 좋은 계기가 되었다. 또한 '99 상하이 국화전시회가 10월 22일부터 시작하여 다음달 30일까지 열렸는데, 약 1100여 종류의 국화화분 120여만 개가 자연경관이 뛰어난 산림공원을 배경으로 화려하고 장엄하게 조성되어 많은 사람들의 발길이 끊이지 않았다.

관광명소의 주식화

“황학루(黃鶴樓)는 영원히 우한(武漢)시민의 것인가?” 이 말은 요즘 뜻있는 우한시민들의 가장 관심 있는 화젯거리다.

중국 삼국시대 오(吳)나라 황무(黃武) 2년(332년)에 처음 세워진 황학루는 후난(湖南)성의 악양루(岳陽樓), 장시(江西)성의 등왕각(滕王閣)과 더불어 중국 강남의 三大 명루중의 하나이다. 중국 역대로 수많은 시인 묵객들이 저마다 황학루에 올라 천고의 절창을 노래했지만, 그중에서도 당나라 시인 최호(崔顥, ?-754)의 “황학루”가 가장 유명하다.

하지만 오늘날의 황허루는 더 이상 우한시 조경원예국 소속이 아니라, 얼마 전 설립된 “우한삼진주식회사”의 소유가 되어 버렸다. 이 회사는 중국 증권감독회 비준을 거쳐 단독으로 발기했고 모집방식을 거쳐 설립된 우한삼진실업 주식회사는 이미 주식 8천 5백만 주를 발행했다.

이것은 황학루가 비록 직접적으로 “상장”은 되지 않았지만, 일단 자산평가가 성숙되고 수익이 “상장”의 조건에 미치면 즉시 상장할 수 있다는 것을 의미한다. 또한 황학루는 법률상 이미 주주의 소유가 되어 그 자산은 모두 “삼진주식회사”의 독점과 지배 하에 들어갔으며, 향후 황학루공원의 모든 행사는 더 이상 순수 문화사업과 공익사업이 아니라 영리를 목적으로 하는 기업행위가 된다는 것을 의미한다.

삼진주식회사는 황학루의 주식화 또는 "상장"가능한 이유로 다음 세 가지를 들고 있다. 첫째 오늘날의 황학루는 이미 더 이상 문물이나 고적이 아니라, 다만 역사적 명루라는 유명세속에 모방된 고건축물에 불과하다. 둘째 시장경제를 채택하고 있는 오늘날 무엇이든지 모두 주식화하거나 상장시킬 수 있는데 이 점은 황학루라고 해서 예외일 수 없다. 셋째 명승지의 관리권은 국가에 있기 때문에 정부가 관리하는 명승지 관리권을 국영기업에 위탁, 관리하는 것은 지극히 당연하다. 더욱이 이보다 앞서 과거에 황산(黃山)과 아미산(蛾眉山)의 두 명승지가 일찍이 주식화한 전례가 있다는 점을 들고 있다.

그럼에도 불구하고 우한시 정치협상회의 부주석인 꿔요중은 이 문제에 대하여 여전히 이해할 수 없다는 입장이다. 황학루는 우한시의 상징적인 존재로서 비록 여러 차례 훼손과 보수과정을 거쳤지만, 이는 모두 연속선상에 놓여있는 황학루역사의 일부분인 것이다. 역사적 문화유산은 계승, 발양할 수 있지만 차용할 수는 없는 법이므로 황학루를 기업소유로 넘긴다는 것은 법적으로나 이치적으로 맞지 않다. 뿐만 아니라 황학루가 지니고 있는 유무형의 자산과 잠재적인 자산가치는 결코 과소평가될 수 없는데, 이를 유형자산을 가진 회사와 묶는다는 것은 그 가치를 지나치게 평가절하 하는 것이고 이는 국가자산의 유실로까지 이어질 수 있다.

현재 황학루가 형식상 "상장"되지는 않았으나 하나의 기업으로서 그 자산이 유실될 가능성은 이미 존재한다고 볼 수 있다. "삼진주식회사"는 기업이므로 경영상 위험성이 상존하며 심지어 파산할 가능성도 배제할 수 없다.

우한대학 역사학과 류쉬타이 교수도 황학루공원은 우한시가 다시 창조하기 어려운 위대한 정신문화 유산일 뿐 아니라 우리들에게 계속 신문명을 창조할 수 있도록 고무시킨다는 점을 강조한다. 이런 우수한 정신문화유산이 경영상 혼란을 초래하여 소유주가 바뀜으로써 황학루가 지니고 있는 인류 문화적 가치가 손상될 수도 있기 때문에 정부가 직접 국가명승지를 관리하는 것이 유일한 선택이라고 지적한다. 세계적으로 유명한 문화유산들이 대부분 국가가 통일적으로 관리하는 것도 바로 이 같은 이유인 것이다.

현재 황학루공원은 이미 "삼진주식회사"의 일부분이다. 만일 삼진주식회사가 경영상 문제로 인하여 황학루가 하나의 담보물로 전락한다면, 그때 황학루는 더 이상 우한시민의 자랑거리가 되지 못할 것이다.

중국 역사상 "천하강산제일루(天下江山第一樓)"라고 극찬을 받고 있는 황학루의 전경.

茶시장에 시장경제 도입

현대 중국사회에는 각종 음료수들이 유행하고 있으나 중국소비자들의 가장 큰 사랑을 받고 있는 것은 여전히 차(茶)음료이다. 중국의 茶시장은 다년간 안정된 발전을 거듭해오고 있으며 도시 찻집도 날로 번성하고 있다. 이처럼 중국에서는 어떤 현대 음료도 차의 자리를 대신하지 못하고 있다.

쟝시성(江西省)의 연간 차생산량은 비록 전국 평균치보다는 낮지만 여전히 2만 톤가량을 생산하고 있다. 그러나 시장경제의 치열한 경쟁에 따라 강서茶는 전통방식의 자급자족 경제가 상실되고 있을 뿐만 아니라 오히려 다른 지방茶들에게 위협을 받고 있다. 쟝시성은 지난 1999년에 2.15만 톤을 생산하여 주변 각 省들 보다도 뒤진 전국 9위를 차지했다. 광대한 북방 茶시장의 말석을 차지한 것이다. 차 수출량이 후난(湖南)성의 절반도 안 되는 것은 물론 저장(浙江)절, 푸젠(福建)성과는 더욱 비교조차 할 수 없다.

사실 산 좋고 물 맑은 쟝시성은 예로부터 차 주산지로 각광을 받아 왔고, 다양한 차의 품종과 고품질로 국내외에서 40여 차례나 대상을 받은 바 있다. 그러나 다른 경제 분야의 병폐와 마찬가지로 중국의 茶시장도 시장경제에 적응하지 못하고 있다. 대량 재배에도 불구하고 상대적으로 수확량이 떨어지는 현재의 생산방식은 茶

생산의 발전을 저해하고 있다. 또한 시장성은 좋으나 이윤이 적은 명차(名茶)들은 비록 발전이 있지만, 년 생산량이 2천 톤도 되지 않아 장시성 총생산량의 십분의 일밖에 차지하지 못한다.

중국인들의 생활수준이 향상됨에 따라 갈수록 많은 사람들이 단순히 차를 마시는 습관에서 차를 품평하는 방향으로 나아가고 있다. 따라서 중국의 茶시장도 단순한 생산량의 추구에서 보다 나은 품질향상 쪽으로 나아가고 있다.

이런 의미에서 최근 중국 전역에서 일고 있는 다음의 변화는 주의할만한 가치가 있다. 즉 저장성 사람들이 장시성까지 와서 차밭을 도급 맡아 자신들의 방식으로 관리, 채취, 가공을 한 다음 다시 이 茶들을 절강성으로 옮겨가서 "시후 용정차(西湖 龍井茶)"로 바꾸어 출시한 결과 가격이 배 이상으로 폭등했다. 마찬가지로 푸젠성 사람들도 장시성에서 茶園을 도급 맡아 주차를 생산하여 공개적으로 "천단표"를 붙여 수출한다. 또한 광뚱차 수출입회사가 지난해 장시성에서 매입한 茶는 사업성이 매우 좋은 편이어서 구매액이 인민폐 3천만 원이나 된다. 이러한 현상은 적어도 장시성 차의 품질이 확실히 우수하나 관리와 기술적인 면은 물론 시장경제 의식까지 타 지역에 뒤진다는 것을 의미한다.

茶시장을 개척하기 위해서는 상표에 의지해야만 한다. 차시장의 개발은 무궁무진하다. 닝홍시리즈 건강차가 시장에 나오자마자 단시일 내에 베이징과 상하이 등지로 퍼져나갔고, 강서 녹색식품회사가 茶색소를 이용하여 첨단 과학기술로 생산한 차상품은 커다란 환영을 받았다. 그 외에도 과학기술의 발달에 따라 茶빵, 茶비스킷, 茶우유, 茶초콜릿 등등 차를 이용한 신상품이 계속 개발되었고, 茶미립자를 이용한 첨가물도 등장하였다. 그런가하면 찻잎에서 추출한 제약원료는 의약계의 주목을 받고 있고, 찻잎을 이용한 각종 요리는 사람들의 입맛을 자극했다. 이처럼 찻잎의 부가가치가 세계적으로 계속 확산되고 있다.

현재 쟝시성의 절반 이상의 차밭이 저생산성의 노후한 차밭으로 새로운 변화를 필요로 하고 있는 반면에 양질의 차나무는 10%에도 못 미친다. 이렇게 방치된 차밭을 새롭게 경작하기 위해서는 과학기술적인 지도가 필요하다. 하지만 현재 쟝시성에는 고급 차가공기술자는 말할 것도 없고, 전문적으로 차를 다루는 기술자도 백 명이 채 안된다. 나아가 쟝시성내 대학에는 아직까지 차 관련 학과도 없고, 전문적인 차연구센터나 차가공기계공장도 없는 실정이다.

"중국茶"에 납 성분 검출

상하이시 茶 17종서 검출 · 불 합격률 31.2%
茶학회 "물에 용해되지 않아 인체에 무해",
농업부 "중국茶 농약 잔류 심각하지 않고 안전"

차(茶)는 중국인들이 가장 애용하는 음료중의 하나이다. 하지만 지난 2000년 중국 茶시장은 한때 심각한 불경기를 맞이했다. 특히 상하이의 몇몇 유명한 명차회사들을 비롯해 저장(浙江)차주식회사 · 황산(黃山)차주식회사의 판매액이 3할 이상이나 감소했는데, 그 주요원인은 '찻잎의 납 성분이 이미 허용기준치를 넘어섰다'고 하는 무성한 소문 때문이었다.

당시 상하이시 품질기술감독국의 茶품질 표본조사보고서에 의하면 61종의 차속에 17종에서 납 성분이 검출되었고, 2종류에서 농약잔류 성분이 검출되어 불 합격률이 31.2%에 이르렀다. 찻잎의 납 성분 함량에 대한 조사는 상하이에서 처음으로 실시되었는데, 조사를 당한 茶회사들과 茶전문가들은 이번 검사의 과학성에 대해 의문을 제기했다.

먼저 상하이 茶학회에 따르면 찻잎속의 납 성분함량은 사실이지만, 사람이 마시는 것은 찻잎을 우려낸 찻물이고 납은 물에 쉽게 용해되지 않기 때문에 찻잎의 납 성분은 결코 인체에 아무런 영향을 주지 않는다고 말한다.

중국 국가茶품질감독검사센터는 현행 茶품질위생검사의 기준은 식품위생검사의 기준에 따른 것으로, 찻잎의 납 함량에 대한 규정은 직접적인 찻잎의 식용이 인체에 유해한가의 여부에 따라 제정되었다고 말한다. 또한 검사과정상 "건조차잎 측량법"을 도입한 것은 일반 소비자들이 다만 우려낸 차를 마실 뿐 찻잎을 직접 먹지 않는다는 사실과 부합되지 않기 때문에 중국위생부에 이의를 신청했고, 동시에 새로운 茶위생기준을 마련해 줄 것을 요청했다.

한편 중국농업부 茶품질감독검사센터는 국내외에서 소비되는 차에 대해 장기간 엄격한 검사를 실시한 결과, 현재 중국茶는 매우 안전하며 찻잎의 농약잔류문제도 별로 심각하지 않다는 결론을 내렸다.

1999년 중국의 茶수출액은 19.96만 톤으로 뚜렷한 하락세를 보였으나, 지난해에는 전년도에 비해 24.68%의 고성장을 기록해 총 24.89만 톤을 수출했다. 매년 중국차 수출량은 통상 20만 톤 전후로 소폭의 오르내림은 지극히 정상적인 현상으로, 일시적인 수출하락을 단순한 "농약잔류"문제로 돌릴 수 없다는 입장이다.

지난 2000년 중국 차밭의 총면적은 약 1660.4만 이랑으로 茶의 총생산량은 68.16만 톤이고, 茶의 총생산액은 거의 백억 위안에 이르렀다. 전 세계 차의 총소비량중 85%는 홍차이고 녹차는 겨우 십분의 일 정도를 차지하며 나머지가 우룽차(烏龍茶)와 화차(花茶) 등에 해당한다. 중국에서 생산된 녹차는 전 세계 녹차생산량의 85% 이상을 차지하며, 중국에서 수출되는 녹차는 전 세계 녹차 총소비량의 90%를 차지한다. 중국농업부가 전년도에 전국 2천여 개 수출차 샘플에 대한 검사와 측정을 실시한 결과, 98% 이상의 찻잎에서

666과 D.D.T. 두 종류의 농약잔류량이 합격판정을 받았고 대다수 품종의 농약잔류수치가 0을 기록했다.

중국은 현재 666이나 D.D.T.같은 농약의 사용을 금지하고 있기 때문에 소비자들이 마음 놓고 차를 마실 수 있다고 말한다. 그러나 일부 茶전문가들은 비록 차의 납 성분이 인체에 아무런 영향을 주지 않는다고 해도 가장 좋은 것은 역시 찻잎에 납 성분이 전혀 검출되지 않는 것이라고 지적한다.

제1회 전국 문물박람회 개최

최근 중국 저장(浙江)성 항조우(杭州)에서는 중국 국가문물국이 주최하고 저장(浙江)성박물관이 주관한 제1회 전국 문물박람교류상담회의가 열렸다. 중국에서의 문물박람전시항목에 관한 교류회의는 이번이 처음으로 전국 박물관 책임자들과 관련 전문가들의 많은 관심을 모았다.

일반적으로 박물관이 주관하는 전람회는 마치 판에 박은 듯한 엄숙한 격식과 썰렁한 분위기를 연상시킨다. 비록 문물전람회를 통해 일정한 전문성을 얻을 수도 있으나, 전시항목의 단조로운 내용과 갈수록 노화된 면모는 오히려 관람객들을 무미건조하게 만들 수 있다. 원래 문물전람회는 일정한 폐쇄성과 지역적인 한계를 지니고 있다.

예를 들어 어떤 전람회는 전시기간이 너무 길어 종종 해당지역 사람들의 싫증을 일으키기도 하지만, 타 지역 사람들은 오히려 보고 싶어도 볼 수 없는 현상이 나타나기도 한다. 외형상 좋은 전람회는 정보부족으로 시의적절하게 사람들의 주목을 끌지 못하고, 신선한 내용들이 부족하여 관람객들은 문물전람회에 대하여 갈수록 흥미를 잃어간다. 이런 이유로 중국의 뜻있는 인사들은 문물박람전시회의 앞날에 대하여 깊은 우려를 하고 있다.

이번 전람교류회에는 전국 24개의 성, 도시, 자치구에서 모두 114개의 박물관이 참가했는데 이는 전국 박물관 총수의 80%에 해당한다. 또한 회의에 참가한 220여 대표들은 향후 2백여 개의 전람항목들을 발표했는데, 거의 모든 항목들마다 이를 자기 지역 소재 박물관에 유치하려는 "구매고객"들이 나타나기도 했다.

전국 각지의 박물관들은 자신들의 가장 특색 있는 전시항목들을 가지고 회의에 참가하였다. 특히 랴오닝(遼寧)성, 지린(吉林), 보계 등지에서는 문물국장이 직접 단체를 인솔하여 왔다. "평진 전역 대형전람회"는 15개 박물관이 미리 전시예약을 신청했고, 윈난성 리강의 "나시뚱바 문화전"은 많은 사람들의 관심 속에 예약을 마쳤다. 또한 중국농업박물관의 "고대 농기구 축소전"은 사람들에게 문물전람에 관한 새롭고도 신선한 사고를 제공했다. 대만의 "세계 진귀한 나비표본대전"도 여러 박물관들의 주목을 받았다.

중국 국가문물국 외사처의 한 관계자는 지금까지 중국국외문물 전시항목은 단지 몇몇 대형 박물관들에만 국한되어 왔는데, 앞으로는 지방의 특색 있는 박물관에도 더욱 깊은 관심을 가지겠다고 말했다.

이번 문물전람교류회의는 저쟝성 박물관 개관 70주년 기념일에 맞춰 저쟝성 박물관의 제의와 주관에 의해 성공을 거두었다. 전문가들에 따르면 중국 대부분의 박물관들은 외국의 유명한 박물관들과 마찬가지로 자신들의 한해 전람계획을 미리 관람객들에게 알리고 다양한 전시항목으로 관람객들의 많은 흥미를 유발하고자 한다. 이번 회의에 참가한 전국의 대소 박물관장들은 무사 안일했던 과거의 타성을 크게 반성하면서 향후 박물관의 운용계획과 체제는 이제 대폭 수정되지 않으면 안 될 시점에 이르렀다고 입을 모았다.

신세대의 소비문화와 소비관념

최근 급성장하고 있는 상하이(上海)시의 경제발전에 따라 이 지역 젊은이들의 소비의식과 소비형태는 많은 사람들의 관심을 끌고 있다.

최근 두 차례에 걸쳐 상하이시와 한 기업이 공동으로 실시한 설문조사 결과에 의하면, 상하이시 젊은이들의 소비방식이 이미 지난 1980년대 개혁개방 초기의 충동적 구매 소비에서 점점 벗어나 실사구시(實事求是)와 이성적 판단이 중시된 보다 발전적인 소비단계로 변화하고 있음을 알 수 있다. 또한 갈수록 비중이 높아지는 문화소비와 강한 개성의 추구는 현대 상하이 젊은이들의 소비행위를 결정짓는 새로운 특징이다.

그러나 더욱 주목할 만한 것은 현재의 소비기준에 대한 이해를 두고 38.1%의 지식청년계층과 17.9%의 젊은 월급쟁이들, 그리고 30.2%의 젊은 노동자들이 자신들은 아직도 비교적 낮은 소비계층, 혹은 매우 무기력한 소비계층에 속한다고 여기고 있다는 사실이다.

음식과 의복은 아직까지도 상하이 젊은이들의 중요한 소비영역에 속한다. 이번 조사결과에 의하면 요즘 젊은이들은 소비상품의 질을 따지는 것 외에도 소비환경, 상표, 서비스 태도 등 부가적 소비수준에 대한 요구도 갈수록 높아지고 있음을 알 수 있다. 과거에는 대부분의 젊은이들이 음식소비문화에 대하여 다만 "절약이 최우선, 배부르면 그만"이라고 응답했으나, 최근 연구조사에서는 83.9%가 최근 한달 안에 외식한 적이 있고, 그중 24.6%는 외식 횟수가 4차례 이상이나 된다고 응답했다. 또한 젊은 계층의 46.1%가 "편리, 위생, 적당한 가격" 등을 이유로 서양식 레스토랑에서 자주 식사를 즐긴다고 말했다.

한편 상표에 대한 중시는 요즘 젊은이들의 의류소비에서 잘 나타난다. 이들 중 43.9%가 명품의 품질이 우수하다고 인정했고, 55.9%가 명품은 무형의 자산을 포함하기 때문에 가격이 비싼 것은 당연하다고 응답했다. 이는 상하이 젊은이들의 소비문화가 이미 고급화, 개성화로 나아가고 있음을 의미한다.

문화소비는 이미 중국 젊은이들의 고정지출 영역이 되었는데, 그중에서도 지식욕구 충족을 위한 소비가 계속 증대되고 있다. 예를 들어 상하이 젊은 지식인들은 "자아실현 교육"을 가장 우선시하는 소비항목으로 꼽았고, 다음으로는 "내 집 마련"과 "컴퓨터 구매"가 각각 다음 순위를 차지했다. 그외 85.6%가 신문을, 61.1%가 잡지를 각각 정기 구독하는 것으로 집계되었다.

반면에 과거의 오락과 향락지향적인 소비문화는 점차 하락추세에 있다. 즉 젊은이들이 가장 선호하는 여행과 가라오케 문화는 1994년도에 54%와 29.8%를 차지했는데, 지금은 각각 31.9%와 13.8%로 하락했다. 그러나 가정에서의 TV시청, 음악감상 등은 여전히 이곳 젊은이들이 선호하는 오락문화이다.

중국 영화산업의 성장

최근 중국 베이징(北京)에서 전국영화산업회의가 열렸다. 통계에 의하면 지난 1999년도 중국 국산영화는 모두 102편(3편의 장편만화와 인형극을 포함)을 제작하는 풍성한 수확을 올렸다. 그중 현실적인 소재를 다룬 것이 71편이고 역사소재물이 31편으로, 대부분의 작품들이 사상성·예술성·흥행성면에서 일반 대중들과 전문가들의 호평을 받았다.

1999년에 제작된 <횡공출세> <국가> <1949년의 중국> <황하의 사랑> <보련의 등불> 등 십여 편의 정책성 영화는 중국 건국 50주년을 맞아 민족정신과 애국심의 고취를 위해 특별히 제작된 작품들로, 전체적으로 중국 국산영화창작의 수준을 한 단계 끌어 올렸다고 평가된다.

최근 들어 중국의 영화제작 기술수준도 상당히 향상된 것으로 평가된다. 특히 디지털 기술을 이용한 창작수준이 눈에 띄게 좋아졌는데, 중국 최초로 컴퓨터를 이용한 디지털 영화 <긴급한 투항직전> <충천비표>와 컴퓨터를 이용한 입체음향영화 <보련의 등불> 등은 모두 영상과 음향기술면에서 상당한 수준에 도달한 작품들이다.

한편, 중국영화는 해외시장에도 적극 진출하여 각종 국제영화제에서 호평을 받고 있다. 지난 2000년 한 해 동안 8개 국가와 지역에서 중국영화제를 개최하여 모두 70여 편의 우수한 중국영화를 상영했다. 동시에 150여 편의 영화를 엄선하여 58개 국제영화제에 참가한 결과, 그중 13편의 영화가 14개 국제영화제에서 15개 부문의 상을 받았다.

이와 함께 중국정부와 국무원에서는 향후 중국영화산업의 발전을 위해 막대한 경제적 지원을 아끼지 않고 있다. 영화관리부문에서 중국정부는 영화의 창작·제작·선전 방면에 모두 8천여만 위안을 지원했고, 그중 5천여만 위안(元)이 영화제작에 투입되었다. 영화시장과 영화산업발전의 관리를 극대화하기 위하여 정부의 영화관리부서에서는 <영화관리규정>을 위반한 행위들에 대하여 엄격한 조치를 취하고 있는데, 특히 해적판의 밀수와 불법유통에 대하여 엄벌에 처하고 있다.

이번 회의에서는 최근 중국영화산업의 성과에 대한 긍정적인 평가와 함께 중국영화계가 안고 있는 현안들에 대해서도 활발한 논의가 벌어졌다. 특히 중국의 WTO 가입을 계기로 중국영화업계가 직면하고 있는 기회와 도전이라는 측면에서 여러 가지 분석과 연구들이 진행되었다. 이번 회의에 제출된 <영화개혁을 심화시키기 위한 몇 가지 의견> 등에 관한 문건은 이번 회의의 분위기를 더욱 고조시켰다. 중국 국내시장의 개방에 따라 외국자본과 외국영화의 중국 진출이 가져오게 될 국내 영화산업계의 충격과 이에 따른 중국영화업계간 영화상품의 경쟁이 더욱 격렬해질 전망이다.

중국 호텔업 날로 호황

그동안 장기간 불황에 허덕이던 중국호텔업이 최근 들어 침체의 늪에서 벗어나 이미 호황 국면에 들어선 것으로 나타났다. 지난 1999년도 중국호텔업의 총수입은 그 전년도에 비해 48억 위안(元)이 늘어났고, 2000년에는 전년도의 고속성장 위에 다시 100억 위안으로 늘어나, 호텔업 총수입이 모두 950억 위안에 이르렀다. 이는 중국 호텔업사상 역대 최고의 기록이다.

중국호텔업 전문가인 위엔쭝탕이 얼마 전에 개최된 "제10회 중국 유명호텔 연합회의"에서 발표한 자료에 따르면, 중국 내 각종 회의나 전시회의 증가, 휴가와 휴일문화의 급속한 발전 및 가시화된 중국의 WTO 가입 등의 요인들이 중국 호텔업발전에 매우 직접적인 영향을 미친 것으로 나타났다.

현재 베이징(北京)·상하이(上海)·광조우(廣州) 등 전국 주요도시에서는 적어도 매월 2, 3차례 대규모 국제회의와 수많은 국내 전람회 등이 열린다. 또한 각종 회의나 전시회가 열리기 전에 미리 호텔에 도착하여 비즈니스 업무를 시작하는 외국 업자들도 눈에 띄게 늘어났다.

지난 2000년 1월부터 4월 사이 중국 내 유명호텔방의 임대율은 55.6%를 기록하고 있는데 올해 안에 거의 60%에 이를 전망이다.

이는 중국호텔업사상 가장 높은 임대율을 기록했던 지난 1994년도의 수준에 거의 육박하고 있다. 전국 호텔의 방값은 최근 대부분 상승했는데 지난 1-4월 동안에는 지난해 같은 기간에 비해 21%나 올랐다.

분석 자료에 의하면 중국호텔업은 경영상 다음 네 가지의 특색을 가지고 있다. 첫째 규모가 큰 호텔은 중소형 호텔보다 영업효율과 실적면에서 더욱 좋은 것으로 나타났다. 둘째 고급호텔은 저급호텔에 비해 수익이 훨씬 낫다. 셋째 외국기업과 합작한 호텔은 중국 내 국영호텔이나 집체호텔보다 경영효율이 더욱 뛰어나다. 넷째 호텔 총수입중 호텔내 음식업이 차지하고 있는 영업실적 비중이 계속 증가하여, 지난 2000년에는 호텔 수입총액의 39.4%나 차지했는데, 이는 전년도에 비해 9백%나 늘어난 수치이다.

참고로 현재 중국 내 중고급 호텔 수는 7,035개(이중 4, 5성급 호텔 수는 251개이다)이고 하급호텔은 72,900개이다. 또한 1999년도 호텔업계 총수입은 850억 위안에 이르렀다.

국립지질공원 11개소 지정

지난 2001년 3월 중국 국토자원부는 최초로 윈난성의 스린(石林) 등 진귀한 지질유적지 11곳을 "국립지질공원"으로 지정했다.

오랜 기간에 걸친 지질변화로 중국에는 각종 카스트르(용암)·화산·빙하·해식(海蝕)·화강암 기봉(奇峰) 등 독특한 지형적 지질적 특징을 지닌 많은 유적들이 분포하고 있다. 또한 중국은 끊임없이 이어지는 지층단면과 수많은 고생물화석과 같이 세계적으로 지질유적자원이 매우 풍부한 나라중의 하나이다.

중국은 이러한 세계적인 자연유산을 보존하기 위해 지난 1999년부터 중국국토자원부에서 유엔 산하 세계지질공원 전문가들과 중국과학원 전문가들을 초빙하여 "국립지질공원 보존위원회"와 "제1회 국립지질유적 평가심의위원회"를 구성했고, 엄격한 심의와 평가기간을 거쳐 최초로 11개 국립지질공원을 지정한 것이다.

전국 8개 省에 널리 분포되어 있는 11개 국립지질공원들은 곧 스린(石林)·장쟈지에(張家界)·쑹산(嵩山)·루산(廬山)·청산(澄山)·우따렌츠(五大連池)·쯔꿍(自貢)·장조우(漳州)·추이화산(翠華山)·룽먼산(龍門山)·룽후산(龍虎山)지질공원 등이다.

스린 국립지질공원은 윈난성 린이족자치구에 있는데 주로 용암지질지형을 이루고 있으며 총면적 4백 평방킬로미터이다. 특히 높이가 20 내지 50미터에 이르는 거대한 돌기둥들은 멀리서 보면 마치 숲과 같아 사람들이 “스린(石林)”이라 부른다. 장쟈지에 국립지질공원은 후난(湖南)성 장쟈지에市에 있는데, 총면적 3,600평방킬로미터이고 사암봉림(砂巖峰林)과 용암동굴로 유명하다. 쑹산 국립지질공원은 허난(河南)성 등봉市에 있는데 총면적 450만 평방킬로미터이고 지질단면이 유명하다. 쑹산은 또한 중국의 유명한 오악(五岳)중 “中岳”에 해당되며 역사상 儒·佛·道 三敎가 함께 성행했던 지역이다.

루산 국립지질공원은 쟝시(江西)성 구강市에 있는데 총면적 5백평방킬로미터이고 환경이 아름다운 관광명승지이다. 청산 국립지질공원은 윈난성 청산현에 있는데 총면적 18만 평방킬로미터이고 세계 3대 동물화석群중의 하나이다. 우따롄츠 국립지질공원은 헤이룽쟝(黑龍江)성 우따롄츠市에 있는데 총면적 720만 평방킬로미터이고 화산지질 지형의 특징을 지니고 있다. 중국에서 가장 완전하고 전형적인 火山群으로 “중국 화산박물관” 또는 “중국 광천수의 고향”이라고 불린다. 고생물 화석산지인 쯔꿍 국립지질공원은 쓰촨(四川)성 쯔꿍市에 있는데 총면적 7.8평방킬로미터이고 세계 주요한 공룡화석유적지중의 하나이다.

장조우 국립지질공원은 푸젠성 장조우市에 있는데 총면적 318평방킬로미터이고 화산지질 지형을 이루고 있다. 추이화산 국립지질공원은 산시(陝西)성 시안(西安)시에 있는데 총면적 32평방킬로미터이고 산사태의 지질구조를 이루고 있다. 룽먼산 국립지질공원은 쓰촨성 팽주시에 있는데 총면적 1900평방킬로미터이고 동식물자원의 보존이 매우 양호한 생태환경을 지니고 있다. 중국 도교발상지중의 하나인 룽후산 국립지질공원은 쟝시성 응담시에 있는데 총면적 3만 8천 헥타르이고 기이한 화산암 지형을 지니고 있다.

한편 유엔은 향후 매년 20개씩 총 3백 개의 세계지질공원을 지정하여 전 세계 지질유적보호 네트워크 구축에 앞장설 계획이다. 이에 중국정부는 향후 5년간 전국의 파손된 주요 지질유적들을 대대적으로 복원하여 우선 30개의 국립지질유적보호구역 및 국립지질공원을 건립하고, 그 중에서 3 내지 5개를 세계지질유산(지질공원)에 등록시킬 예정이다. 또한 2010년까지 추가로 50 내지 80개 국립지질공원을 건립하고, 그중 5 내지 8개를 세계지질공원에 등록시킬 계획을 세워놓고 있다.

대규모 공룡서식지와 고인돌유적지 등이 발견된 우리나라에서도 세계지질유산공원 등록을 위한 정부의 장기적인 대책과 범국민적인 관심이 요구된다.

1931년에 세워진 중국 운남성의 석림공원은 "천하제일의 기이한 경관(天下第一奇觀)"이라고 일컬어지고 있다.

중국 여행자보험업의 저성장

"五一"노동절은 "十一"국경절과 더불어 중국 최대의 황금 여행 주간이다. 중국의 여행자보험 가입자 수는 비록 매년 꾸준한 증가세를 보이고 있으나, 수백만으로 집계된 총여행자수와 비교해 보면 여전히 미미하다고 할 수 있다. 최근 들어 각종 명절과 휴일마다 국내 여행객숫자가 날로 급증함에 따라 여행객의 위험계수와 사고율도 계속 증가하고 있다. 이런 상황에도 불구하고 중국 여행자보험업은 아직까지 수많은 여행객들의 관심을 끌지 못하고 있다.

우선 중국여행객들은 현재의 여행자보험 종류가 너무 적어 가입자에게 선택의 여지가 별로 없으며 가입자가 정말 필요로 하는 보험 상품이 부족하다는 불만을 토로하고 있다. 또한 사고 후 보상금 처리문제가 매우 복잡한 점도 여행자보험 가입자가 적은 이유 중의 하나라고 말한다.

현재 중국의 각 보험회사들이 내놓은 여행자보험은 여행자신체상해보험인데 보험의 범위가 지극히 제한적이어서 여행 도중에 발생할 수 있는 모든 돌발적 상황을 완전히 충족시키지 못하고 있다. 전문가들은 여행이란 여행객들이 각종 교통수단을 이용할 때 안전·강도 상해위험·자연재해 등이 수시로 발생할 수 있기 때문에 선진국의 여행객들은 여행자보험을 매우 중시한 반면, 상대적으로 이에 대한 중국보험회사들의 발전 속도와 발전규모가 매우 빈약하다고 지적한다.

한편 보험회사측은 현재의 여행자보험은 이미 보험가입자의 수요를 기본적으로 만족시킬 수 있을 뿐만 아니라, 여행자보험의 발전이 부진한 가장 큰 이유는 바로 여행자보험에 대한 시민의식의 결여라고 주장한다. 즉 중국 대부분의 여행객들에게 여행도중 발생할지도 모를 각종 위험요소에 대한 요행심리가 팽배해 있다는 점을 지적하고 있다. 실제로 중국의 일부 여행객들은 명절날 겨우 며칠 동안만 여행을 떠날 뿐인데 굳이 돈까지 들여가며 보험에 가입할 필요가 있겠느냐고 말한다. 심지어 어떤 사람들은 과거에는 여행시장에 어떠한 여행자보험도 없었는데 지금까지 여행사업이 여전히 성행하고 있지 않느냐고 반문한다.

현재 중국의 여행자보험시장은 확실히 불경기임에 틀림없으나, 중국인들의 수입과 보험에 대한 인식이 제고됨에 따라 관련 시장의 전망은 매우 희망적이 될 것이다. 전문가들의 통계에 따르면 매년 전국 여행객들의 숫자는 7억여 명으로 만일 한사람이 보험료 10위안에 가입한다면, 일년에 70억 위안이라는 거액의 보험료수입을 올릴 수 있다. 이런 거대한 시장을 눈앞에 두고 현재 중국의 각 보험회사들은 이미 보이지 않는 경쟁상태에 돌입했다.

중국의 거대한 여행자보험시장을 석권하기 위해 각 보험사들은 여행자보험과 관련된 신상품 개발에 많은 노력을 기울인 결과, 여행자보험의 종류도 먹고 · 자고 · 움직이고 · 여행하고 · 건강을 유지하는 여행자보험 등 다방면으로 확대되고 있다. 동시에 여행자보험 관련 입법화과정을 통해 보험시장을 더욱 구체적으로 규범화함으로써 여행객들이 안심하고 보험에 가입할 수 있고 사고를 당한 후에도 순조롭게 보상금을 받을 수 있도록 제도적 마련에 힘쓰고 있다.

현대중국의 경제·과학기술

중국 편의점업의 성장(1) ‖ 중국 편의점업의 발전(2) ‖ 과학기술분야 1백대 민영기업 ‖ 제8회 상하이(上海) 국제자동차전람회 ‖ 중국기업들 해외시장에 본격 진출 ‖ 세계 500대 기업에 진입한 중국기업들 ‖ 새 화폐 발행의 뒷이야기 ‖ 중국 전자상거래 시장의 성장(1) ‖ 중국 전자상거래 시장의 발전(2) ‖ 중국인들의 소비구조의 변화 ‖ 중국 정보산업의 급성장 ‖ 중국경제 20년 후 일본 추월 ‖ 중국 실명제 실시 ‖ 중국 고소득 기업가들 출현 ‖ 중국 해상운송가격 담합 ‖ 중국의 세제개혁 ‖ 외국기업의 중국 특허신청 물결 ‖ 중국, 세계 최대의 보석시장 ‖ 항조우(杭州) "2000 시후(西湖) 박람회" 개최 ‖ 징후(京滬: 베이징-상하이) 고속도로 개통 ‖ 도로운수업, 물류 유망업종으로 부상 ‖ 정부 재정체제 개혁 가속화 ‖ 자동차 보험시장의 급변화 ‖ 중국의 新 민항기 발전계획 ‖ 중소형 비행기 시장의 주역 ‖ 최초로 중국형 로봇인간 발명 ‖ 중국산 이동통신기기 외국산과 시장쟁탈전

중국 편의점업의 성장(1)

중국 편의점업계의 소식에 의하면 상하이(上海)의 3대 편의점회사인 렌화(联華), 커띠(可的), 량유(良友) 중 렌화, 커띠 두 회사는 이미 손익분기점을 넘어서서 기업회계상 청신호를 보인 것으로 알려졌다.

편의점은 슈퍼마켓과 대형매장의 뒤를 이어 출현한 일종의 상업연쇄점으로, 현재 중국사회에서 최고의 인기속에 급성장을 하고 있다. 1995년 상하이에 최초의 편의점이 등장한 이래 현재 상하이 전역에는 크고 작은 각종 편의점들이 속속 출현하고 있다. 특히 최근 2년 동안 상하이 편의점의 증가추세는 이미 슈퍼마켓과 대형매장을 능가하고 있다.

지난 2001년 9월말까지 상하이에는 모두 922개의 편의점이 생겨났고, 그 후에도 거의 매일 2, 3개가 새로 문을 열고 있다. 당초 사람들은 상하이에 3천개 정도의 편의점이 등장할 수 있다고 예측했지만, 지금은 편의점·슈퍼마켓·대형매장의 삼두마차가 어깨를 나란히 하면서 성장하고 있다.

편의점의 상품가격이 슈퍼마켓이나 대형매장에 비해 조금 더 비싸기 때문에 보통 편의점이 처음 문을 열면 거의 대부분 일정기간 손해를 볼 수밖에 없는데, 이런 기간이 외국의 경우 약 6년 정도 지속된다. 하지만 중국의 롄화나 커띠 등은 겨우 3년이 지난 2001년 상반기부터 흑자를 기록하기 시작했다. 2001년 1월부터 9월까지 두 회사의 소매매출액은 각각 3억 위안(元)을 넘어섰다.

편의점업계의 한 인사는 편의점은 대형매장의 “염가”와 슈퍼마켓의 “신선함”에 비해 상대적으로 고객의 “편리함”을 특별히 부각시켜야 한다고 주장한다. 현재 많은 편의점들이 슈퍼마켓과 자리다툼을 벌이고 있는데, 커띠편의점의 야간영업액은 이미 주간영업실적의 절반 수준에 다가섰고 롄화편의점의 야간영업실적은 3할을 넘어섰다. 중국의 편의점들은 대부분 24시간 영업을 하고 있는데 서비스 내용도 일반 슈퍼마켓과 달리 끓인 물과 전자레인지 사용을 무료로 제공하는 한편, 고객들을 위한 세탁・우유주문・IP전화카드 대리구입 등 고객의 “편리성”에 많은 공을 들이고 있다.

한편 상하이의 편의점들은 최근 1, 2년 사이 회사간 합병과 구조조정을 거쳐 소규모 기업경쟁에서 대규모 경쟁체제로 돌입하고 있다. 량유편의점은 빠이스(百式)편의점과 메이텐(每天)편의점을 연달아 인수함으로써 일시에 편의점 체인수와 기업의 규모를 확장시켰다. 커띠편의점도 취수상업회사와 합자회사를 설립하여 체인망수를 넓혔고, 롄화편의점도 빠이지아편의점을 인수했다. 또한 롄화편의점의 모회사인 롄화슈퍼마켓은 향후 몇 년 안에 상하이에서 기업의 성격을 대부분 편의점으로 전환할 계획이다.

중국의 편의점들이 바야흐로 상하이에서 본격적인 발전과 경쟁상황에 돌입하고 있다.

중국 편의점업의 발전(2)

유동인구 · 야간활동 많은 곳에 속속 등장
상하이시 GDP 4천불 돌파로 '발전 최적지'

최근 몇 년 사이 중국 대도시의 유동인구가 많고 야간활동이 성행한 지역, 그리고 학교나 병원부근 등에 소규모 편의점들이 속속 들어서고 있다. 슈퍼마켓과 대형할인매장에 이어 급부상하고 있는 각종 편의점들이 이제 이들과 시장쟁탈전을 벌이기 시작한 것이다.

중국의 편의점은 지난 1990년대 중반과 후반기에 제1차 전성기를 맞이했는데, 이때 빠이스(百式), 빠이자(百家), 커떠(可的) 등의 편의점 업체들이 처음으로 등장했다. 그러나 초창기에는 자금부족으로 일부 편의점업체들이 확장초기의 손실액을 채우지 못하여 빠이스와 빠이쟈 등이 다른 업체들에게 합병되었다. 결국 지난 2000년까지 편의점의 전체적인 숫자는 크게 늘었지만, 편의점 업체 수는 오히려 줄어들어 지금은 커떠, 렌화, 량요우(良友) 세 회사가 시장을 삼분하고 있다.

그러나 2001년 들어 원래 슈퍼마켓을 경영하던 기업들이 앞 다투어 편의점들을 개설하기 시작했다. 눙꿍샹(農工商)슈퍼마켓과 커떠리(可得利)슈퍼마켓이 각각 하오떠(好德)편의점과 21세기편의점을 개설했는데, 하오떠편의점은 3년 이내에 일천 개의 체인점을 구축한다는 야심에 찬 계획아래 우선 1~2년 안에 5백 개 이상의 체인점을 개설할 예정이다. 또한 영업상태가 비교적 단일한 렌화(聯華) 슈퍼마켓도 빠른 시일 내에 편의점을 개설하겠다고 선언했다.

지난번과는 달리 이번 제2차 편의점 확대발전의 배후에는 모두 우수한 연쇄업계의 강력한 지지기반이 있다. 이는 장차 편의점업계에 자금투자가 대폭 증가되고 업무경영능력이 크게 향상되어 각 업체간의 경쟁이 새로운 국면에 접어들었음을 의미한다.

편의점의 급성장은 중국의 경제발전에 대한 일반인들의 인식과 관련이 있다. 국제적 관례에 따르면 편의점이 발전하기 위해서는 슈퍼마켓과 대형할인매장보다 한 도시의 경제발전수준을 더 크게 요구한다. 도시민의 1인당 평균 GDP가 3천 달러를 넘어서면 그 도시는 편의점발전의 도입기에 해당되고, 6천 달러를 넘어서면 편의점발전의 최고점에 도달했다고 볼 수 있다. 이런 의미에서 1인당 평균 GDP가 이미 4천 달러를 돌파한 상하이시는 중국 편의점발전의 최적지라고 입을 모은다.

전문가들에 따르면 인구 5천명에 한 개의 편의점을 개설하는 것이 가장 이상적이다. 상하이시에 개설 가능한 편의점 숫자는 대략 3천개소로 볼 수 있는데, 현재 1천개의 편의점이 영업을 하고 있기 때문에 아직까지 발전공간이 많이 남아 있다. 이런 이유를 들어 현재 중국 업계에서는 향후 몇 년 간을 편의점발전의 황금기로 간주하고 보다 신속하게 자신들의 체인점을 확장시키고 있다. 예를 들어 렌화편의점은 2001년 말까지 중국전역에 350개의 편의점을 증설했고, 커떠편의점도 5백 개를 증설했는데 그중 4백 개가 상하이시에 집중되어 있는데, 2005년까지는 총 1500개의 체인점을 개설할 계획이다.

슈퍼마켓 업에서 시작된 편의점은 비록 가격경쟁력이 떨어지지만 서비스시간 연장·물건구매의 편리성·청결한 환경·친근감 등의 장점이 있다. 편의점업계의 한 전문가는 중국편의점의 향후 생존경쟁은 타 업체와의 차별화에 달려있다고 말한다. 예를 들어 루오썬(羅森)편의점은 특히 여학생들의 각별한 사랑을 받고 있고, 커떠편의점은 유제품분야에 특색이 있다.

하지만 아직까지는 이렇게 자신만의 특징을 갖춘 중국편의점들이 그리 많지 않다. 진정으로 차별화전략을 실현하는 편의점만이 장차 격렬한 기업경쟁속에서 살아남을 수 있을 것이다.

중국 3대 편의점 업체 중의 하나인 렌화(聯華) 快客의 전경

과학기술분야 1백대 민영기업

지난 1999년 5월, 중국의 상하이(上海) 푸둥(浦東)에서 전국 과학기술분야 1백대 민영기업의 기업주와 대표들이 모여 회의를 열었다. 회의에 참가한 기업들로는 베이따(北大)의 팡정(方正)·선전(深圳)의 후아웨이(華爲)·상하이의 쟈스떠(嘉士德)와 후아하이(華海)·창샤(長沙)의 위엔따(遠大)·상하이의 푸싱(腹星) 등 중국 내 유명 기업들이 대부분 포함되어 있는데, 이들은 그동안 과학기술분야에서 수십 내지 수백억 위안대의 "혁혁한 기업실적"을 축적해 왔다.

비록 이런 기업들이 지금 당장에는 세계 일류기업들과 어깨를 견주기에는 어렵지만, 이들이 장차 21세기를 준비하는 중국의 가장 믿음직한 기업들임에는 틀림없다.

회의석상에서 발표된 최근 통계에 따르면, 1998년 말까지 전국에 약 10만 개의 과학기술분야의 민영기업들이 출현하여 이들이 기술공업계통 무역을 통해 달성한 수익이 이미 6천억 위안(元)을 넘어섰다. 베이징의 민영기업의 수익은 이미 베이징시 전체 공업 생산액의 두 배 이상을 차지하고 있다. 산시(陝西)성에서는 자산규모가 억대를 넘는 민영기업이 24개에 달하고, 광조우(廣州) 민영기업의 수익은 전년도에 비해 88%의 높은 성장률을 기록했다. 뿐만 아니라 이미 거대하게 성장한 일부 민영기업들은 다른 파산기업들과 생산라인을 멈춘 기업들을 직접 인수하여 몇 백만 개의 취업자리를 창출했다.

중국에서 경제발전이 가장 활발한 지역 가운데 하나로 인정받고 있는 상하이시의 민영기업들은 계속 성장가도를 달리고 있다. 지난 1998년에 새로 생겨난 1900개의 기업을 포함해 현재 상하이의 민간기업수는 8,638개에 달하고 있다. 그 중 자산규모가 억 위안대를 넘는 기업만 해도 1997년의 33개에서 1998년도에 65개로 증가했다. 사람들의 일년 평균 노동생산율은 18.5만 위안으로 다른 일반기업들보다 크게 앞선다.

과거 20년 동안 민영기업들은 과학기술분야에서 많은 경험과 교훈을 쌓으며 성장을 계속해 오고 있다. 신세기를 맞이하여 기업가들은 새로운 각오를 다지며 자신감에 가득 차 있다. 삼일 동안 회의참석자들은 미래의 공동관심사들, 즉 기술개발과 기업발전문제·민영기업과 WTO문제·투자위험과 신용담보문제·정책제도와 공정한 경쟁문제 등에 관하여 폭넓게 논의했다. 대다수 기업가들은 중국의 민영기업들이 이미 위험한 과도기를 벗어났고, 현재 당면한 시장문제의 해결은 바로 기술혁신에 있다고 인식했다.

끝으로 주목할 만한 일은 이번 회의에는 민영기업의 대표들 외에도 정부의 관련부서 및 푸단(復旦)대학·국무원 발전연구중심 등의 전문가들이 처음으로 참석했다는 사실이다. 회의 도중 한 가지 주제논의가 끝날 때마다 학자들의 전문적인 총평이 뒤따랐다. 전문가들은 이번 회의를 통해 중국민영기업의 성숙도를 충분히 인식할 수 있었고, 또한 정부·기업·학계를 서로 잇는 긴밀한 통로를 마련했다는데 큰 의의가 있다고 평가했다.

제8회 상하이(上海) 국제자동차전람회

1999년 들어 중국 최대 규모의 제8회 상하이 국제자동차전람회가 열렸다. 지구촌 22개 국가의 4백여 자동차제조업자와 부품생산업자들이 모두 참가한 이번 전람회는 규모면에서 역대 최고를 기록했다. 이런 이유로 일반인들은 물론 각 자동차회사의 고위간부들이 이번 전람회에 대해 모두 깊은 관심을 나타냈다.

이번 전람회에는 세계적인 외국자동차 회사들과 중국의 대표적인 자동차회사인 상하이 大衆 · 상하이 通用 · 이치 大衆 · 선룽 富康 · 짱조우 雅閣 · 선양 金杯 · 뚱난 汽車 · 충칭 長安 · 베이팡 벤츠 · 베이팡 승합차 등이 모두 자기 회사의 최신 차들을 발표했다.

이번 전람회를 통해 국내외 자동차제조상들은 중국자동차 시장과 중국인들이 자동차를 선호하는 척도가 곧 경제실익에 맞는 신기술과 환경보호기술에 있다는 점을 발견했다. 이를 반영하듯 예전에는 호화로운 경주용차와 스포츠카가 자동차전람회의 주종을 이루었으나, 올해는 국내외 유명한 자동차회사들이 주로 실질생활에 유용한 차종들을 출시했다.

이러한 추세를 반영한 포드사의 P2000(suv) · 독일 大衆의 "싼성루뽀"와 미국 通用社의 兩연료 삐에커승용차는 많은 사람들의 관심을 끌었다. 특히 고효율 연료전지 동력시스템을 장착한 포드사의 P2000(suv)은 메틸알코올 연료를 사용하여 가동시 수소를 발생시키며, 연료전지는 공기 중의 산소와 수소의 사용을 통하여 전기에너지를 발생시킨다. 또한 자동차의 배기물은 오염이 전무한 수증기이다.

최근 중국 자동차공업의 급성장에 따라 중국산 승용차는 이번 대회의 커다란 관심거리였다. 상하이 通用社는 전자동변속장치를 갖춘 삐에커승용차를 탄생시켰고 뒤이어 선룽 富康社도 유사 차종을 내놓았다. 상하이 通用은 또한 조만간 신형 레져용 차량 생산에 들어갈 예정인데 중국 국내 소형차 시장은 장차 쟝시 江鈴·상하이 通用·선양 金杯 등이 서로 삼분할 것으로 예측된다.

중국 자동차시장의 절반을 차지하고 있는 상하이 大衆은 이번에 자사의 싼타나Ⅲ를 출시했는데 이 차는 유럽에서 가장 잘 팔리는 독일의 파싸터를 중국시장에 맞게 개조한 것으로 세계 일류의 기능 장치를 자랑하고 있다. 또한 상하이 大衆은 현재 40명의 박사와 석사로 구성된 "선발대"를 독일의 大衆社가 추진 중인 상하이大衆의 제4세대 패밀리형 자동차의 설계 개발 작업에 참여시키고 있다. 미국通用과 합작한 상하이 판야자동차기술센터에서도 중국 최초의 첨단 컴퓨터설계로 제작된 패밀리형 승용차 "치린(麒麟)"을 출시했다.

이처럼 다가올 21세기의 중국은 자동차 소비대국일 뿐만 아니라 자동차 제조 강국으로도 급부상될 전망이다.

중국기업들 해외시장에 본격 진출

지난 1999년 8월초 "텐커룽(天客龍)"이라 불리우는 중국 슈퍼마켓이 모스크바市 중심가에 정식으로 개장되어, 전시된 식품・가전제품・완구・일상용품 및 다양한 중국산 조미료・과자류・단음식과 과일포 등이 러시아 고객들의 커다란 환영을 받았다.

이 "텐커룽"은 중국과 러시아 양국 정부가 체결한 협정에 따라 최초로 러시아에 개설한 슈퍼마켓으로, 2000년부터는 이보다 규모가 훨씬 큰 슈퍼마켓이 모스크바를 중심으로 러시아의 다른 대도시에 속속 들어서고 있다. 중국 개혁개방 20년의 발전을 통하여 이미 상당수준의 자본주의를 경험한 중국 국내기업들이 바야흐로 외국의 문을 두드리고 있는 것이다.

중국산업계에서 가장 먼저 해외생산에 들어간 것은 가전업계이다. 예를 들어 창훙(長虹)그룹은 러시아와 합작하여 모스크바 근교에 TV 조립공장을 세워 지난 1999년부터 조업에 들어갔는데, 이 공장은 러시아와 동유럽 시장을 겨냥해서 장차 연간 TV 3백만 대의 생산능력을 갖출 예정이다.

하이얼(海爾)그룹은 미국 남부 캐롤라이나주에 3천만 달러를 투자해 냉장고 공장을 세우기로 했는데, 그 첫 번째 공정이 1999년 말에 완공되었다. 이 기업은 이미 인도네시아에 냉장고와 세탁기 생산 공장을 가동 중인데, 이보다 훨씬 많은 투자규모로 미국시장에 진출한 것이다. 춘란(春蘭)그룹은 2천만 달러를 모스크바에 투자하여 현지기업과 합작으로 연간 20만대의 에어컨을 생산할 예정이다. 또한 복건성 시아화(厦華)그룹은 남아프리카공화국에 30만 달러를 투자하여 TV 공장을 세웠는데 연간 2만대 이상의 TV를 생산할 예정이다.

전문가들은 1990년대 이래 중국 가전제품 생산능력이 크게 신장됨에 따라, 협소한 국내시장을 극복하기 위해 각 기업들이 해외에서 생산 판매하는 것이 더욱 판로를 넓히는 첩경이라고 분석했다. 이러한 중국기업들의 해외경영 열기는 그동안 개혁개방의 선두를 달려온 광뚱성이 앞장섰다.

광뚱성의 유명한 전자기업인 캉쟈주식회사는 최근 인도에 9백만 달러를 투자하여 컬러 TV 조립공장을 세워 연간 30만대 생산목표를 정해놓고 있다. 또한 통신과 고급과학기술 제품을 생산하는 쑹리 전자실업주식회사는 말레이시아에 VCD 생산기지를 세워 현지 시장판매에 돌입하는 등 1998년까지 광뚱성 정부가 비준한 해외투자 기업수는 이미 651개를 넘어섰다.

1993년 최초로 홍콩에서 상장된 칭따오(靑島)맥주주식회사를 시작으로 중국기업들의 해외자본시장 진출에 본격적인 서막이 올랐다. 1998년 말까지 해외에 상장된 기업주는 모두 43개로 모금액도 1백억 달러에 달한다. 이를 통하여 일부 국유기업들의 자본구조를 효과적으로 개선함으로써 국내시장과 국제시장의 접속 속도를 빠르게 진행시켰다. 그러나 반면에 대부분의 중국 국내기업들도 해외로 진출하는 과정에서 투자지역의 투자환경과 시장상황, 그리고 투자국의 정책과 법률 및 풍속습관 등에 대한 정보부족으로 적지 않은 곤란에 직면해 있다.

세계 5백대 기업에 진입한 중국기업들

'99<財富(Fortune)> 세계포럼 · 상하이 회의가 1999년 상하이에서 개최되었다. <財富>지에 실린 세계 5백대 기업들의 순서는 줄곧 세계 각국의 경제상황을 대변하는 청우계(晴雨計)가 되어 왔다. 선정된 기업들은 말할 나위 없이 세계적인 일류대기업들로 그들의 일거수일투족은 곧바로 세계경제의 향방을 결정해 왔다.

세계 5백대 기업들의 1998년도 이윤 액은 11조 4천 6백 3십 4억 달러로 거의 미국과 일본 양국의 국민총생산액과 맞먹는다. <財富>지가 뽑은 1999년 세계 5백대 기업 중에 홍콩특별구와 대만을 포함하여 중국석유화학그룹 · 중국공상은행 · 중국은행 · 중국화공수출입그룹 · 중국식량그룹 · 이화주식회사(홍콩) · 국태생명보험회사(타이완) · 중국석유주식회사(타이완) 등 모두 8개의 중국기업들이 선정됐다.

이밖에도 자격기준에는 이미 도달했으나 미처 가입신청을 하지 못한 중국의 몇몇 대형기업들도 있고, 중국건설은행과 중국농업은행처럼 영업 액은 이미 자격기준에 도달했으나 재무제도가 완전히 국제기준과 일치하지 않아 5백대 기업 진입에 실패한 경우도 있다.

지난 1995년 처음으로 5백대 기업에 선정된 중국기업은 1999년에도 전년도에 비해 다시 두 석이 증가하여 그 숫자가 아시아에서는 일본과 한국에 다음 간다. 이 점은 비록 매우 고무적이나 세계의 다른 선진기업들과는 여전히 커다란 수준차이를 보이고 있다. 타이완(台灣)의 두 기업을 제외한 나머지 6개 기업의 총영업액은 1144.24억 달러이고 이윤 액은 15.06억 달러이다. 평균 이윤율을 보면 중국기업들은 아직까지 5백대 기업들의 평균 수준인 2.52%에도 못 미친다.

중국 기업 중 가장 순위가 높은 중국석유화학그룹을 예로 들면, 1998년도 판매수입과 일년간 이윤율은 각각 340.25억 달러와 1.94억 달러이지만, 이 그룹의 고용인원은 총 119만 명으로 5백대 기업 중 유일하게 백만 명 이상을 고용한 기업이다. 이와 반면에 세계 최대의 대기업인 미국의 퉁융(通用)자동차회사는 그 영업액과 이윤 액이 중국석유화학그룹의 각각 5배와 15배를 기록하고 있으나 고용인원은 중국의 절반 밖에 되지 않는다. 이는 앞으로 중국기업들이 노동생산성 문제에 더욱 주의를 기울여야 한다는 것을 의미한다.

하지만 <財富>지는 중국기업들이 장차 세계 5백대 기업 안에 속속 진입할 것이라고 단언한다. 한 전문가는 다음 세 부류의 중국기업들이 2010년 이전까지 5백대 기업에 들어갈 수 있다고 전망한다. 첫째는 "중앙군단"에 속하는 기업들로 주로 중앙금융기업 · 행정자본에서 전환된 중앙회사 · 중앙 직속 대기업들이 이에 속한다. 둘째는 국가에서 중점적으로 육성하는 기업들로 칭도 하이얼 · 빠오깡 · 베이따 방정 · 화북 제약 · 사천 창홍 · 강남조선 등이다. 셋째는 꽝띠엔 · 리엔샹 · 캉쟈 · TCL 등 신속한 발전과 상당한 경쟁력을 갖춘 벤처기업들을 말한다.

한편 상하이 꽝띠엔(廣電)그룹 이사장인 쉬웨이후(徐爲熩)는 중국기업들이 세계 5백대 기업에 진입하기 위해서는, 첫째 최소한 국제시장을 선도할 기술과 풍부한 경쟁력을 지닌 생산품, 둘째 막대한 토지재산을 지닌 다국적기업, 셋째 견실한 수출능력과 광대한 국제시장을 갖춘 상품 등 세 가지 조건을 구비해야 한다고 지적한다.

이러한 인식위에 중국기업들은 비록 세계 5백대 기업일지라도 경영부실과 관리소홀로 자칫 몰락할 수도 있다는 사실에 주목하고 있다. 즉 일본 금융계의 총아로 불렸던 동방생명보험(1998년도 196위)과 장기신용은행(1998년 394위)이 산더미 같은 부채로 말미암아 모두 파산한 것은 중국기업인들에게 좋은 귀감이 되고 있다.

새 화폐 발행의 뒷이야기

지난 1999년 중국인민은행은 건국 50주년에 즈음하여 다섯 세트의 인민폐를 발행했다. 새 화폐의 인쇄 질과 위조방지 기술 그리고 해독성능은 모두 국제적 수준을 자랑한다. 이번 신화폐의 발행은 중국 금융계의 획기적인 사건으로 중국화폐제도의 발전에 적극적인 작용을 했다.

그러나 이 다섯 세트의 화폐가 시중에 나오자마자 여러 가지 예기치 못한 문제들이 발생했다. 그중 가장 두드러진 점은 화폐교환의 요구가 너무 높아 유통상 문제가 많은 점이다. 건국 50주년을 맞이하여 베이징에서는 대대적으로 신 화폐를 발행하여 충분히 공급했다. 하지만 많은 사람들이 갑자기 몰려들어 몇 천 위안씩 심지어 몇 만 위안(元)씩 돈을 바꾸었다. 모 금고회사는 신화폐의 공급이 한정적이어서 부득불 한 사람당 2백 위안만 환전해준다는 임시규정을 발표하는 촌극까지 벌어졌지만, 이런 규정은 오래가지 못했다.

중국 인민은행의 한 관계자에 따르면 이번 새 화폐에 대한 선전은 역사상 처음으로 3개월을 앞당겼다고 한다. 그럼에도 불구하고 화폐 발행시장의 열기와 선명한 대조를 이룬 것은 신화폐가 정상적으로 시장에 유통되기가 어렵다는 사실이다. 그 주요원인은 많은 사람들이 신 화폐를 소장품으로만 생각하고 화폐를 사용하려 하지 않는다는 사실이다. 이밖에도 일부 운전기사와 시장상인들, 특히 영세상인들이 신 화폐에 대한 인식이 부족하여 받기를 거부하는 웃지 못할 상황까지 벌어졌다.

속담에 "도(道)가 한 자 높으면, 마(魔)는 한 장이나 높다"(부정이 긍정을 압도할 정도로 많다) 라는 말이 실감나는 현상이다.

중국 전자상거래 시장의 성장(1)

전자상거래는 요즘 중국에서 더 이상 생소한 말이 아니다. 관련 단체의 통계에 따르면 지난 1999년도 중국의 기업간(BTOB)의 인터넷 판매액과 기업과 개인간(BTOC)의 인터넷 판매액이 이미 4천만 달러를 돌파한 것으로 집계되었는데, 이는 전년도에 비해 4백%나 증가한 수치다. 전자상거래 시장은 적은 자본과 지역적인 제한을 받지 않는다는 특성 때문에 갈수록 많은 회사들이 적극적으로 진출하고 있다.

현재 중국 내 인터넷 판매상은 크게 두 부류가 있는데, 첫째가 순수 인터넷기업이고 둘째가 인터넷을 통해 물건을 판매하는 일반 기업이다. 이런 기업들 중에는 판매 상품의 종류가 이미 15만여 종에 이른 기업도 있는데, 도매와 소매를 막론하고 많게는 각종 가전제품에서부터 적게는 양초와 크리스마스트리에 이르기까지 소비자가 회사나 집안에서 가볍게 마우스만 한번 클릭하면 배달원이 집까지 물건을 배달해 준다. 관련 업계에서는 인터넷 판매사업이 아직은 초보단계에 불과하지만, 앞으로는 상점에서 구매 가능한 물건들은 물론 전화나 주문서 작성을 통해 구매할 수 있는 모든 상품들이 다 인터넷상에 오를 예정이며, 이는 필연코 非인터넷 판매상들에게 커다란 도전이 될 것이라고 단언한다.

인터넷판매는 우선 고객서비스 차원에서 우위를 점유하고 있는데, 특히 시간을 "돈"으로 생각하는 중국의 청·장년층들에게 커다란 환영을 받고 있다. 중국 최대의 소비자 그룹을 형성하고 있는 이들의 소비패턴은 물건 구매 시의 편리함과 시간절약을 최우선시 하며, 인터넷판매업의 발전에 가장 강력한 영향력을 행사하고 있다.

비록 인터넷상의 안전한 대금지불 방식, 운송체계, 소비습관 등의 제약요인들이 여전히 남아 있지만, 중국 전자상거래 시장의 거대한 잠재력에 대해서는 이미 중국 내 모든 기업들이 인정하고 있다.

한편 중국의 인터넷 판매업은 현재 적자생존의 위기에 직면해 있지만, "8848"이라는 인터넷사이트는 현재 중국 내 인터넷 판매회사 중 가장 성공을 거둔 회사 중의 하나이다. 이 사이트는 지난 1999년 3월에 개통된 후 이듬해 4월 달의 판매액이 40만 위안(元)에 불과했으나 그해 11월의 판매액은 무려 1,200여만 위안으로 급성장하여 불과 반년 사이에 판매액이 수십 배나 증가했다. 이 사이트의 왕쥔타오 회장은 성공의 비결로 전자상거래는 신용을 중시할 것, "중국적 특색"이 있는 계산방식을 취할 것, 독특한 운송배달체계를 갖출 것 등의 "삼대 원칙"을 내세웠다.

어떻게 하면 상품을 무사히 소비자에게 전달할 수 있을까? 현재 중국 내에 전국 차원의 전문적인 화물운송 기업이 부재한 상황 하에서 단일상품의 장거리 운송과 막대한 운송료 및 시간지연 등은 전자상거래를 원하는 소비자들을 여전히 망설이게 만든다. 이 점은 장차 인터넷판매상들에게 치명적인 문제로 남을 것이다.

바로 이런 문제를 조기에 해결한 기업으로 현재 전국 160여개의 도시에 근 3백 개의 가맹점을 확보하고 있는 "8848" 사이트를 꼽을 수 있다. "8848"은 최근 '중국속달우편총공사'와 합작하여 EMS가 전국 441개 도시에서 상품대금을 대신 수납하기로 하고, 전국 18개 도시의 상품택배와 상품 도착 후 대금징수 등의 업무를 대행하기로 하는 등, 전국 차원의 상품운송 통합시스템을 구축함에 따라 소비자들에게 장차 보다 나은 운송서비스를 제공할 것으로 보인다.

중국 전자상거래 시장의 발전(2)

상하이 상거래회의 주인공으로 부상,
소매업 조정에 큰 영향 미칠 듯

최근 상하이에서 개최된 제9회 중국상거래회의에서 각종 상업사이트들이 이번 대회의 주인공으로 많은 주목을 끌었다. 이 대회를 주관한 상하이 상업전람사무소의 한 책임자는 얼마 전까지만 해도 상거래회의에 참가한 상업사이트수가 극히 적었다고 밝혔다. 이는 중국의 전자상거래가 이미 전면적으로 중국소매업을 강타하기 시작했음을 의미한다.

비록 미국 나스닥 지수의 폭락으로 많은 닷컴기업들이 심각한 타격을 받았지만, 상하이 꽝따(廣大)회의전람센터 1층 전람회장을 가장 호화롭게 장식한 것은 여전히 네트워크 기업들이다. 미국 네트워크기업, 전자상거래회사, 홍콩 소비촉진사이트, 이동통신 사이트 등은 이번 전람회장에 아무런 상품도 내놓지 않았지만, "전면적 전자상거래 해결방안 제공", "당신을 위해 전 세계 전자상거래업무 대행" 등의 구호만으로도 많은 고객들의 주목을 받기에 충분했다.

전문가들은 백화점의 출현을 소매업의 제1차 혁명으로, 슈퍼연쇄점과 대형할인마트를 소매업의 제2차 혁명으로 비유하면서, 전자상거래가 장차 전 세계 소매업의 제3차 혁명이 될 것이라고 예측했다. 더군다나 전자상거래의 발전 속도는 소매업의 제1, 2차 혁명과 비교해서 엄청나게 빠르다.

슈퍼연쇄점을 예로 들면, 1991년 상하이에 최초로 등장한 롄화(聯華) 슈퍼마켓은 2000년도에 마침내 전통적인 백화점을 압도하면서 전국 소매업계의 주도적인 지위를 확보했다. 대형 할인마트도 근 십년간에 걸쳐 중국 전역에 뿌리를 내리기 시작했다. 지난 1999년도 본격적인 전자상거래 시대를 알리며 중국 전역을 강타했던 "네트워크 72시간 생존시험" 때만 해도 인터넷을 통한 물품구매가 매우 힘들었다. 심지어 기본적인 식품이나 음료수조차 살 수 없었다. 그러나 지금 중국은 인터넷상거래 시대가 활짝 열리고 있다.

전국 161개 도시에 인터넷 물품구매 센터를 개설한 "8848"사이트에서 취급하는 상품만 해 도 수십만 종에 이른다. 롄화슈퍼마켓은 얼마 전에 5억 위안(元)을 투자하여 인터넷판매점을 개설하였고, 이보다 앞서 개설된 "쩡광(增光)"과 "85818"은 상하이 시민들에게 이미 상당한 영향력을 행사하고 있다. 오늘날 중국의 전자상거래가 이렇게 급성장하기까지는 겨우 1년 남짓의 시간이 걸렸을 뿐이다.

지난 2000년 말에 열린 중국연쇄업계 회의에서는 향후 "十五"기간 중의 중국 전자상거래 규모를 확정 발표했는데, 이 기간동안 매년 전자상거래 분야의 투자규모는 지난 "九五"기간의 총규모를 초과할 것으로 알려졌다.

중국 국가생산력 촉진센터의 한 책임자는 전자상거래의 발전은 이미 거역할 수 없는 하나의 세계적인 추세가 되었으며, 장차 소매업의 조정과 발전에 거대한 영향력을 미칠 것이라고 주장했다. 이와 동시에 여기에는 유혹과 위험성 요소가 각각 반반으로 장차 소매업이 전자상거래로 옮아가는 과정에서 많은 변수가 발생할 것으로 내다봤다.

중국인들의 소비구조의 변화

상하이(上海)시 사회경제조사팀은 최근 상하이 · 난징(南京) · 항조우(杭州) · 허페이(合肥) · 난창(南昌) · 푸조우(福州) · 지난(濟南) 등 화동지구 7개 도시민들의 1999년도 11월분 수입과 지출의 소비경향과 소비구조에 대한 조사결과를 다음과 같이 발표했다.

첫째, 화둥(華東)지구 지역민들의 엥겔지수(소비지출중 식품이 차지하는 비중)가 계속 낮아지고 있는 것으로 나타났다. 최근 이 지역민들의 소비구조가 더욱 개선되어 고급 소비제품에 대한 지출이 계속 증가한 반면, 식품지출의 비중은 점차 하락하고 있는 것으로 나타났다. 즉 1999년도 상하이의 엥겔지수는 46.5%로 전년도 같은 기간에 비해 3.6%가 낮아졌고, 난징은 45.9%로 3.7%, 항조우는 42.3%로 2.6%, 난창은 42.9%로 5.9%, 푸조우는 49.9%로 0.9%가 각각 낮아졌다. 이와 반면에 이들의 고급 소비제품에 대한 지출의 증가는 바로 이들의 생활조건이 양과 질적인 면에서 모두 개선되고 있다는 반증이기도 하다.

둘째, 상하이인들은 소득증가에 따라 소비도 함께 증가하고 있는 것으로 나타났다. 지난 1999년 11월 상하이 시민들의 평균수입은 876원으로 화동지역 7개 도시민들 중에 최고를 차지했다. 나머지 6개 도시민들의 평균수입은 항조우가 710원, 지난 621원, 난징

614원, 푸조우 545원, 허페이 457원, 난창 438원으로 집계 되었는데, 이 수치는 상하이가 2위 항조우에 비해 23%가 높고 최하위인 난창에 비해서는 거의 두 배에 가깝다.

한편 평균수입이 가장 높은 상하이인들의 평균지출 또한 화동지역 7개 도시 중에서 가장 높게 나타났다. 1999년 11월 상하이인들의 평균 소비지출은 682원으로 1위를, 항조우는 601원으로 2위를, 허페이는 354원으로 최하위를 차지했다. 이처럼 소비지출의 순위는 평균수입의 순위와 기본적으로 일치했다.

셋째, 7개 도시민들은 제각기 나름대로의 특징적인 소비성향을 가지고 있는 것으로 나타났다. 즉 상하이인들은 "먹는(食)"소비의 비중이 낮아진 반면 "주택(住)"소비의 비중이 가장 높아졌고, 허페이인 들은 여전히 "食"의 소비가 수위를 차지한 반면, 지난 인들은 "의복(衣)"의 문제를 가장 중요시했다. 또한 푸조우인은 실내장식용품과 서비스 방면의 지출이 수위를 차지함으로써 무엇보다도 "실용(用)"을 최우선시 함을 알 수 있고, 항조우인들은 "건강"을 가장 중시하여 의료보건 방면의 소비지출이 가장 큰 비중을 차지했다.

이와 관련하여 식품소비에 대한 7개 도시민들의 기호도 현저한 차이를 보이고 있다. 상하이인들은 육식 대신에 수산물·채소류·과일 및 우유제품에 대한 평균소비가 각각 60%, 26%, 17%, 14%를 차지하는 등 다른 도시와 커다란 차이를 보이고 있다. 상대적으로 난징인들은 육식을 좋아하여 육류제품에 대한 소비가 53%를 차지하여, 항조우인보다 17%가 높았다. 한편 항조우인들은 담배소비가 가장 높아 일인당 평균 17원을 지출했는데, 이는 상하이인들보다 거의 4분지 1(24%), 난징인들보다 약 55%나 높은 것으로 중국 내에서 항조우인을 "골초"라고 부르는 이유를 그대로 반영했다.

중국 정보산업의 급성장

최근 중국에서 개최된 "중국발전을 위한 고위층포럼" 에서 중국 정보산업부 우지촨 부장은 주제발표를 통해 "향후 10년 내에 중국의 정보산업은 GDP의 성장속도보다 3배나 빠른 매년 20% 정도의 성장속도를 유지할 것"이라고 전망했다. 우부장은 세계경제가 바야흐로 공업사회에서 인터넷 등 선진매체와 지식창조를 핵심으로 하는 정보중심 사회로 변화하고 있으며, 정보기술이 생산력 발전을 촉진시키는 결정적 요소가 되고 있다고 분석했다.

네트워크 경제를 발전시키면 생산력을 높일 수 있고 소비도 촉진시킬 수 있다. 네트워크 경제는 일단 출현하기만 하면 거대한 생명력을 지니게 된다. 중국의 인터넷 가입자 수는 1997년 말 62만 명에서 1998년 말 210만 명이 되었다가, 1999년 말에는 890만 명으로 증가하여 평균 반년마다 두 배 이상의 높은 성장을 기록했다.

정보기술과 정보산업의 발전수준은 바로 한 국가의 생산력 발전수준과 집약된 국가경쟁력을 나타낸다. 과거 십년 동안 중국 전자정보산업의 제조업, 통신업, 소프트웨어 업은 비교적 빠른 속도로 발전해 왔다. 년 평균 성장속도는 대략 전국 GDP 성장속도의 3배를 기록하고 있어, 국민경제성장에 크게 기여함은 물론 기타 산업에 미치는 영향력도 날로 커지고 있다.

그러나 중국의 정보기술과 정보산업의 기초는 여전히 취약하며, 정보산업이 중국 국민경제성장에 차지하는 비중도 아직은 낮은 편이어서 앞으로도 계속 발전해야 한다.

정보기술과 네크워크는 새롭게 등장한 생산력을 의미하는데 이는 국민경제의 새로운 성장원일 뿐 아니라 전통산업의 질적인 향상과 개조를 유도하기도 한다. 즉 정보산업은 기존 경제구조의 조정을 가져오고 지식창조와 기술창조에 유리한 메커니즘을 세우며, 기업들을 자극하여 정보기술과 정보설비 방면에 대한 투자를 크게 높인다. 또한 국민경제 각 부문과 각 산업방면에 응용정보기술을 적극적으로 제공하고, 전통적 생산방식의 유통과정과 관리방식을 대폭 개선하여 노동생산성과 상품의 질을 제고함으로써 국민경제의 질적인 성장과 고 효율성을 가져온다.

이런 점 때문에 중국정보산업부는 향후 “三業”, 즉 전자정보설비제조업, 통신업, 소프트웨어업의 발전에 크게 치중할 계획이다. 국민경제와 사회정보화를 촉진시키기 위하여 정보기술설비, 네트워크, 소프트웨어 등을 제공하는 한편, 정보산업의 기초를 잘 닦아 정부와 기업과 가정의 네크워크 시설을 잘 갖추어 전자상거래시장을 크게 발전시킬 계획이다.

중국경제 20년 후 일본 추월

중국국무원 발전연구센터산하 "발전전략과 지역경제연구부"에 의해 수행된 한 연구보고서에 의하면, 향후 20년 동안 중국경제는 여전히 고속성장의 잠재력과 요인을 갖추고 있는 것으로 발표되었다. 2020년까지 GDP 총액이 장차 일본을 추월하여, 경제규모가 미국과 유럽연합 다음으로 세계 제3위를 차지할 것으로 내다봤다.

향후 20년 동안 중국경제는 고속성장을 지속할 것이라는 전망 속에서 중국의 한 증권거래소 직원들의 움직임이 분주하다.

<중국경제성장의 앞날>이라는 제목으로 발표된 이 보고서에는 향후 중국경제가 2000년부터 2020년까지 평균 잠재성장속도가 7.3% 정도가 되고, 그중 초반 10년은 최고 7.9%에 이를 것으로 추정했다.

보고서에 의하면 과거 20년 동안 중국경제의 고속성장은 주로 자본의 급속한 축적과 생산성 향상에 힘입은 반면, 노동력수 증가는 상대적으로 부차적인 성장요소가 되었다. 1978년부터 1997년까

지 중국경제성장을 위한 자본투자의 공헌도는 60%에 달하고 생산성 향상의 공헌도는 30%에 이르지만, 노동력수 증가에 따른 경제성장은 겨우 12% 정도에 불과한 것으로 나타났다.

이 보고서에서는 중국정부가 개혁·개방정책을 계속 고수함에 따라 사회주의 시장경제체제가 점차 완비되어 가고 있으며, 대외개방도 진일보 확대되어 "과학과 교육을 통해 국가를 발전시킨다"는 국가적 전략이 단계적으로 시행됨에 따라, 중국경제의 생산성은 앞으로 20년 동안 지속적으로 고도성장을 유지할 것으로 전망되었다.

우선 향후 10년 동안 중국은 여전히 고도성장 속에 공업화와 도시화가 급속도로 진행됨에 따라, 농촌의 많은 잉여 노동력들이 제2, 제3차 산업으로 이동하여 이 분야에 충분한 노동력을 공급할 것이다. 현재 많은 농업인구와 매우 낮은 노동력은 향후 20년 동안 자본시장의 발전에 기여할 것이며, 동시에 금융체제개혁의 성공과 자본시장의 초보적 발전은 장차 자본사용의 효율성을 높이는데 유리할 것이다. 이러한 모든 요소는 앞으로 20년 동안 중국경제가 고속성장을 하는데 필요한 잠재력이 될 것이다.

보고서는 2020년까지 중국의 GDP가 2000년에 비하여 장차 2배 이상 성장할 것으로 내다봤다. 환율로 계산하면 일인당 평균 GDP가 5천불을 넘어서서 1997년도 세계 일인당 평균 GDP의 평균수준에 이르게 되며, 그 총액이 일본을 추월하여 미국과 유럽연합 다음으로 세계 제3위가 될 것이다.

보고서는 또 향후 20년 동안 중국경제발전이 "전반 10년은 빠르고 후반 10년은 느린" 특징을 가질 것으로 내다봤다. 전반 10년 동안 잠재적 경제성장속도는 평균 7.9%에 달한 반면, 후반 10년은 6.6%로 하락할 것으로 예측했다. 이제 개혁·개방 20년을 넘어선 중국의 국가 경제력이 무서운 속도로 세계를 향해 질주해 오고 있다.

중국 고소득 기업가들 출현

중국기업들의 대표나 그룹사장들의 몸값은 얼마나 될까? 최근 상하이(上海)의 한 투자자문회사가 발표한<중국상장기업 대표들의 보수 및 주식보유 현황에 관한 종합연구>에 따르면, 중국에도 이미 고소득과 대량주식을 보유한 기업가그룹들이 출현했음을 알 수 있다.

중국의 상장기업연보(上場企業年報)에 의하면 기업대표와 그룹사장들의 평균 연봉은 각각 6.75만 위안(元)과 6.14만 위안으로 발표되었는데, 이는 그들이 관리하는 그룹의 자산규모로 볼 때 매우 낮다고 할 수 있다. 그러나 지역별 업종별에 따른 평균치 이하 연봉의 차이는 더욱 두드러진다.

중국기업가중 최고 연봉자는 연봉 375만 위안이 넘는 커룽(科龍)그룹의 왕궈뚜안 이사장이다. 란텐(藍天)정보산업의 정 이사장과 푸야오유리의 차오 이사장도 연봉 50만 위안이 넘는다. 그리고 상위 20위 안에 들어간 기업대표들중에 최저 연봉자는 16만 위안이다.

비록 기업사장들의 평균 연봉이 기업대표들에 비해 몇 천 위안이 적고 그중 최고 연봉자도 겨우 55만 위안에 불과하지만, 상위 20위안에 들어간 사장들중 최저 연봉자의 수입은 최소 22.5만 위안이 되었다.

상장기업대표의 주식보유 현황은 평균 35.19만 위안이고 사장은 26.13만 위안이다. 가장 많은 주식을 보유하고 있는 뚱팡(東方)그룹의 장훙웨이 이사장은 1999년도에 시중가 1215만 위안의 총 198만여 주를 가지고 있다. 그룹사장단중 가장 많은 주식을 보유하고 있는 선커지의 탄원즈 사장은 1852만 위안의 주식을 보유하고 있다. 또한 상위 20위안에 드는 기업사장들은 모두 시중가 72만 위안이 넘는 주식을 보유하고 있다.

연구결과에 따르면 중국 상장기업그룹의 최고 연봉자는 일반적으로 정보산업과 경공업산업에 종사하는 자들이다. 그들의 지역적 분포를 살펴보면 광뚱 · 저쟝 · 푸젠 · 하이난성 등이 수위를 차지하고 있는데, 이는 신흥 고성장업종의 기업들이 기업가의 가치를 가장 중시하고 있고, 동시에 중국산업발전상 연해개발지구와 광대한 중서부지역간의 불균형이 매우 심화되어 있다는 것을 의미한다.

또 다른 연구결과에 따르면 정보산업계통 이사장들의 평균 연봉은 15만 위안인데 비하여, 농업과 중공업분야 이사장들의 평균 연봉은 각각 5만 위안과 4만 위안에 불과하다.

이처럼 중국기업들에는 여전히 기업가에 대한 보수구조의 불합리성이 존재하고 있고, 기업가 보수의 차등이 대부분 지역과 업종에 크게 좌우되는 등 개선되어야 할 점들이 여전히 상존해 있다.

중국 해상운송가격 담합

최근 들어 중국의 국제콘테이너 해상운송가격이 계속 치솟아 선주와 화물주간의 신경전이 날로 심해지고 있다. 그럼에도 불구하고 최근에 각 선박회사들이 다시 담합하여 유럽노선의 해상운송가격을 20피트 컨테이너는 350불, 40피트는 7백 불로 대폭 인상하기로 발표하자, 전국 각지의 화물주들이 강력히 반대운동을 벌였다. 이에 따라 상하이 해상운송교역소는 상하이시·쟝쑤성·저쟝성 등지의 화물주협회와 중국 내 십여 개 선박회사간의 상호중재를 위해 대화의 장을 마련했다.

화물주들은 먼저 금년 들어 화물운송가격이 거의 매달 올랐고 3월부터 7월사이만 4차례나 인상되었는데, 이는 마치 서로 경쟁적으로 가격을 인상한 의혹이 짙다고 비난했다. 화물주들은 현재 국내외 모든 선박회사들이 운송노선연맹에 가입해 있기 때문에 한 회사가 가격을 올리면 반드시 국제적인 가격인상연합을 초래하게 되는데, 이것은 자유시장경쟁을 통한 가격인상과 정면으로 위배된다고 주장한다.

선주들은 가격인상이 세계적인 시장행위이지 어느 한 회사에 의해 좌우될 수 없기 때문에, 이것은 결코 중국시장만을 겨냥한 것이 아니라고 반박한다. 사실 선박회사들도 현재 수출입의 불균형과 선박의 임대가격인상 등의 어려움에 직면해 있다. 또한 지금의 가격인상은 지난 1994년도 해상운송 최전성기의 가격수준에도 훨씬 못 미치고 있는 실정이며, 현재의 가격상승은 과거의 전성기로 되돌아가고 있는 일종의 과정에 불과하다는 것이다.

시장원리의 측면에서 보면 최근 중국의 대외무역수출성장이 비교적 빨라 컨테이너 수출가격도 덩달아 뛰게 되었다. 가격폭등은 중국의 노동집약성 저가상품 수출에 막대한 영향을 주었다. 이에 대해 상하이운송교역소의 량부총재는 적정한 가격만이 선주와 화물주 쌍방간의 이익을 보존할 수 있다고 말한다. 현재와 같은 운송가격조정은 대외무역에 악영향을 미치므로, 선진국처럼 화물의 종류에 따라 각기 다른 가격을 차등 적용하는 방법을 도입하여 점차 이런 모순을 해결해야 한다고 지적한다. 장기적으로 보면 컨테이너 운송가격은 결국 시장원리를 따라가기 때문에 상대적인 가격안정을 유지하는 것만이 선주와 화물주 쌍방에게 모두 좋다는 것이다.

이번 가격인상 계획에 대하여 각 선박회사들은 정말 그렇게 될 것인지 여전히 의문을 품고 있지만, 결과는 역시 시장원리에 의하여 결정될 것이다. 그러나 중국의 운송가격자율화 조치 이후 관련 법규가 아직 마련되지 않았기 때문에, 선박회사들의 가격인상 담합 조치에 대하여 전국화물주협회측은 쌍방의 이익을 대변할 수가 없으며 운송교역소만이 상호 조절역할을 하고 있는 실정이다.

현재 중국 해상운송시장의 관리방식은 전반적으로 재조정 되어야만 한다. 하루빨리 국제적으로 통용될 수 있는 관련법규를 마련해야 하고, 선주와 화물주간의 대화와 협상체제를 갖추어 시장의 안정을 도모해야 한다. 일부 전문가들은 조속히 운송가격을 입법화하여 대외무역에 종사하는 화물주들의 이익을 보장하고, 탁송인과 선주사이에 가격조정을 위한 정기적인 공청회를 열어 가격담합 행위를 엄격히 제재해야 한다고 주장한다.

중국의 세제개혁

중국 국가세무총국의 한 인사는 최근 중국정부가 유사이래 최대 규모의 세제개혁을 준비 중이며 그 영향력은 엄청날 것이라고 밝혔다. 현재 계획되고 있는 세제개혁은 주로 중국과 외국기업의 소득세를 통일시키고, 개인소득세와 소비세를 조정하며, 지방과 중앙간 稅收上의 분배 비율을 재조정하는 것을 주 내용으로 하고 있다.

세제개혁의 7대 중점과제로는 생산형 평가절상세를 소비형 평가절상세로 전환하고 시험단계를 거쳐 점진적으로 실시할 것, 단계적으로 중국과 외국기업간의 소득세를 통일시킬 것, 개인소득세를 개혁하고 분류와 종합이 상호 결합된 세제를 마련할 것, 도시유지보호를 위한 건설세를 개혁하여 건설세가 하나의 독립된 중요세금이 되게 할 것, 부동산과 토지 및 선박사용세를 개혁하고 징수방법을 개진할 것, 사회보장세 등 일련의 새로운 세금을 징수할 것, 세수정책을 조정하여 중서부지역과 첨단기술산업을 중점적으로 지원 육성할 것 등이 포함되어 있다.

상하이 재정(財政)대학 후이젠 교수는 중국 거시경제의 발전과 중국의 WTO 가입을 위해서 세제개혁은 필연적이라고 역설한다. 후교수에 따르면 중국은 일찍이 지난 1994년에 세제개혁을 단행한 적이 있는데, 당시 거시경제의 영향 하에 실시된 세제개혁이 상당한 성과를 거두었다. 그러나 최근 중국경제가 급속도로 세계경제 속에 진입함에 따라 당시 제정된 세수정책은 이미 중국경제의 현실에 적합하지 못하게 되었고, 현행세제의 개혁도 더 이상 미룰 수가 없게 되었다.

한 전문가는 중국이 WTO에 정식으로 가입하기 전에 첫째 WTO 규정과 중국정부간 명백한 차이를 보이고 있는 세수정책에 대해서 주동적으로 수정을 해야 하고, 둘째 부분적인 상이점을 보이는 영역과 WTO 규정상에는 금지되었으나 과도기적 안배가 필요한 세수정책에 대해서는 구체적 실상에 따른 조정을 해야 하며, 셋째 국내경제구조와 자본구조간의 조정을 통하여 국내산업의 국제경쟁력을 높이고 WTO 규정을 원활하게 수용한다는 차원에서 국가의 새로운 산업정책에 근거한 세수정책을 제정하고 조정해야 한다고 주장한다.

세제개혁의 기본방향은 다음 여섯 가지 기본원칙에 근거하고 있다. 첫째 법에 따라 세제를 다스릴 것, 둘째 국내 총생산액중 稅收수입의 비중을 높일 것, 셋째 국민경제의 건전한 발전을 지속적으로 촉진시킬 것, 넷째 세금을 보다 공평하게 부과하고 공정한 경쟁을 유도할 것, 다섯째 국가발전 전략과 산업정책을 구현할 것, 여섯째 징수관리의 질과 효율성을 높일 수 있는 방향으로 세제개혁을 단행할 것 등이다. 한편 중앙관리식 稅收체제를 구축하여 모든 국가세수를 재정부의 관리에 맡긴 후 다시 수요에 따라 자금을 분배하는 방안도 검토되고 있다.

이처럼 추진되고 있는 중국 세제개혁의 최종 목적은 보다 완전한 稅收체제를 마련하고 稅收입법을 강화함으로써, 稅收가 중국경제의 발전과 사회의 안정을 촉진시키는 일종의 조절제가 되게 하는데 있다.

외국기업의 중국 특허신청

중국에 진출한 외국기업의 최대 관심사는 어떻게 하면 중국시장에 무난히 진출하여 기업이익을 많이 남길 것인가 하는 점이다. 이를 반영하듯 최근 몇 년 사이 중국에 있는 외국기업들의 활발한 움직임중의 하나가 바로 보다 자주 그리고 신속하게 중국에 기술상의 특허보호를 신청하는 일이다.

외국기업의 이러한 움직임에 대해 중국의 전통업종과 신흥업종들은 모두 상당한 부담을 느끼고 있다. 1985년부터 1999년 10월까지 중국의 고분자화합물 · 유기화학 · 촉매제 · 윤활유 등에 신청된 외국기업의 특허율은 각각 전체의 57%, 83.3%, 68.5%, 52.6%를 차지한 것으로 나타났는데, 이는 중국 국내 특허신청율보다 훨씬 높은 것이다. 특히 최근에는 특허 신청건수가 빠르게 증가하고 있고, 특허의 범위도 갈수록 광범위해져 중국산업에 대한 외국기업의 기술적 영향력이 날로 커지고 있다.

정보기술은 최근 발전이 가장 빠른 산업이다. 중국정보산업부의 최근 보고서에 의하면 1997년부터 1999년 사이에 신청 접수된 전체 발명특허중에 전자정보기술 방면의 발명특허가 거의 삼분의 일을 차지하고 있는데, 그중 국외 신청건수가 국내 신청건수보다 5배나 더 많다. 특히 통신기술 · 컴퓨터 · 자동화 · 가전제품 등의 국외 신청건수는 전체의 90% 이상을 차지하고 있는데, 미국 · 한국 · 일본 · 독일은 중국정보 영역의 특허기술을 선점하고 있는 나라들이다.

한편 발명특허는 과학기술의 비중이 비교적 높은 기술인데, 지금 외국기업들이 적극적으로 핵심적인 과학기술을 중국에 들여와 특허보호를 신청하고 있다. 이 때문에 외국의 발명특허 신청은 전체 특허 신청 건 중 87.9%를 차지하고 있는 반면에, 중국의 발명특허 신청은 겨우 15.9%만을 차지하고 있다.

이처럼 외국 대기업들이 앞 다투어 중국에 특허신청을 하는 이유는 바로 중국시장의 거대함을 잘 인식하고 있기 때문이다. 중국은 시장화의 역사가 짧고 지적소유권에 대한 인식이 아직은 낮은 편이다. 중국의 한 전문가는 중국의 신흥 산업이 일정한 생산능력을 갖추게 되거나 중국기업이 위험을 무릅쓰고 일부 시장을 석권했을 때, 또는 어떤 업종이 중국경제의 일부를 차지했을 때는 외국기업들이 언제든 자신들의 지적소유권을 가지고 고액의 대가를 요구할 것이라고 경고한다.

세계은행이 1998년에 발표한 한 보고서에 의하면, 공업선진국의 많은 기업들이 지적소유권의 유리한 자리를 선점함으로써 종종 새로운 회사나 새로운 연구자들이 전 세계 공업기술 영역에 진입하는 것을 매우 어렵게 만들고 있다. 현재 중국의 신개발 항목 중 10%만이 본래의 창조성을 발휘할 수 있고, 나머지 90%는 이미 특허기술에 의해 가려지거나 그 위에서만 발전해가고 있다. 이처럼 중국에 대한 외국기업의 맹렬한 특허공세는 중국기업의 창조적인 활동공간을 계속 압박해나가고 있다.

날로 심해지는 국제화 경쟁 속에서 어떻게 특허제도를 잘 운용하여 자신의 생존과 발전을 도모하고 자신의 지적소유권을 발전시켜 나갈 것인가 하는 것이 바로 현재 중국기업이 당면하고 있는 최대의 과제이다.

중국, 세계 최대의 보석시장

"바다의 마음(海洋之心)"이라 불린 다이아몬드가 중국 소비자들의 커다란 관심을 끌고 있다.

중국에서 이제껏 사치품으로만 간주되던 보석 액세서리 제품이 중국전역에서 일제히 "가격전쟁"에 돌입했다. 지난 7월 하순부터 난징(南京)의 50여개 회사들도 이 전쟁에 참가하여 최소한 60 내지 70%의 대규모 할인행사를 실시했다.

이처럼 대규모 할인가격은 수많은 고객들의 관심을 끌어 모았고, 중국 내 보석시장 규모를 빠르게 확대시켰다. 보석가격의 60% 할인을 실시하던 날, 난징의 한 백화점의 보석판매량은 평소의 5

배를 넘어섰다.

최근 중국 보석시장의 급속한 발전은 매우 주의할만한 가치가 있다. 1991년부터 1998년까지 중국의 보석 액세서리시장의 판매액은 240억 위안(元)에서 762억 위안으로 대폭 성장했고, 연평균 성장률도 25%를 훨씬 넘어섰다. 전문가들은 향후 2010년 이전에 중국 보석시장의 판매액이 연 1,500억 위안에 이르고, 수출액도 연 65억 달러를 초과할 것으로 내다봤다. 또한 2010년이 되면 중국의 보석교역액 규모가 세계 총교역액의 10%를 차지할 것으로 내다봤다. 이제 중국은 세계에서 가장 역동적인 보석생산 및 보석가공 시장이 될 것이며, 조만간 세계적인 보석거래소로 등장할 것이다.

중국 보석시장의 왕성한 발전은 중국 국내 보석생산과 보석가공업에 양호한 발전여건을 조성했다. 중국보석협회의 최근 통계에 의하면 1991년부터 1998년 사이 중국 내에 등록된 보석기업수는 1백여 개에서 무려 2,380개로 증가했으며, 보석 산업에 종사한 인원도 10만 명 미만에서 현재는 약 70만 명으로 크게 증가했다.

특히 중국금융과 무역정보센터의 중심으로 성장한 상하이시는 장차 보석가공업 분야에서도 국제적인 대도시로 변모할 전망이다. 상하이시는 이미 두 개의 대규모 보석가공단지 개발에 착수했으며, 그중 한 지역은 면적이 약 4만여 평방미터로 설계된 공장부지만 12만 내지 14만 평방미터에 이른다. 현재 약 3분지 1의 공장에서 입주상인을 모집하고 있는데, 남아프리카공화국 · 이스라엘 · 스위스 · 러시아 등 20여 개의 국제적인 다이아몬드가공 기업이 첫 번째 입주를 마쳤다. 향후 이 공단지역이 모두 완성되면 약 2만 5천여 명을 수용할 수 있는 대규모 보석가공 공장이 들어설 것이다.

한편 중국정부의 허가를 받은 국가급 보석교역소가 현재 건설 중에 있는데 가까운 장래에 상하이 등 대도시에 그 모습을 드러낼 전망이다.

항조우(杭州) "2000 시후(西湖)박람회" 개최

"2000 시후박람회"가 열리고 있는 항조우시 시후야경이 아름답게 빛나고 있다.

중국 항조우시 인민정부가 주최하고 중국 국가 관광국 · 저장(浙江)성정부 · 중국무역촉진회 등이 주관한 "항조우-2000 시후박람회"가 지난 2000년 10월 25일부터 11월 10일까지 22일 동안 항조우시에서 성대하게 개최되었다. 이번 대회는 중국 건국이래 항조우에서 처음으로 열리는 최대 규모의 국제박람회이다.

사실 항조우시는 일찍이 1929년에 국제박람회를 개최한 적이 있는데, 거의 71년 만에 다시 이 같은 대규모 국제대회를 개최하게 되었다.

항조우시 고위간부에 따르면 오늘날의 항조우는 이미 과거의 항조우가 아니다. 그동안 엄청난 발전과 변화 속에 중국의 대표적인 관광도시로 성장한 항조우시는 현재 시후를 "세계자연문화유산"에 등록하기 위해 적극적인 노력을 기울이고 있다. 이런 점에서 이번 항조우시의 "시후박람회"는 그동안 항조우시가 추구해온 "경제력이 강한 도시건설, 문화유산이 훌륭한 도시창조" 라는 전략과 일치한다고 할 수 있다.

예로부터 "인간세상의 천당(下有天堂)"이라고 극찬을 받아온 항조우는 저장성의 省 소재지이자 역사적 문화적으로 유명한 관광도시이다. 지난 1999년도 국내 총생산액중 1,225억 위안을 달성했는데, 이는 최근 8년 사이에 1천억 위안이나 증가한 것으로 연평균 성장률이 18.1%에 달한다. 또한 경제 총생산량이 전국 省 소재지중에서 작년에 이어 연속 2위를 차지했고, 항조우시민 평균 국내총생산액도 전국 직할시와 省 소재지중에 1위를 차지했다. 지난 1999년도 항조우를 찾은 국내외 총관광객 숫자는 2,266만여 명으로, 관광수입중 외화는 2.37억 달러, 국내여행객수입은 166억 위안을 기록했다.

이번 시후박람회는 모두 39개의 대형 주제들이 선정되었는데, 이것들은 구체적으로 23개 전람회, 7개 대형회의, 9가지 대회활동 등이 들어있다. 국제 전람회는 15개이고 국내 전람회는 8개인데, 국내 전람회중에는 항조우의 특색을 지닌 "제3회 국제 차(茶)박람교역회", "2000년 중국국제설계 및 실크박람회", "제1회 중국 장인공예미술품 박람회" 등이 있다. 대규모 국제 및 국내회의도 이번 박람회의 두드러진 특징인데, 그중에는 "유엔 인간주거문제센터", "도시환경과 주택발전을 위한 국제세미나" 등이 있다.

대회활동 중에는 이미 두 차례나 개최된 적이 있는 "시후 국제

불꽃대회"가 있다. 세계 각국에서 출품되어 형형색색의 화려함을 자랑하는 1만 5천여발의 폭죽들이 아름다운 시후의 밤하늘을 아름답게 수놓았는데, 50여만 관중들이 현지에서 직접 감상하게 될 이 장엄한 불꽃축제는 TV 생중계를 통해 전 세계 43개국에 생생하게 전해졌다.

이밖에도 중국의 관광 · 문화 · 체육 · 예술 · 음식축제 · 국제교류 등 다양한 행사들이 이번 대회기간 동안 계속 이어졌다.

찡루(京滬, 베이징-상하이) 고속도로 개통

- 중국, 고속도로 건설 세계 3위

최근 개통된 베이징-상하이간 고속도로 중 산동구간의 전경과 전 구간 지도

지난 2000년 12월 19일 중국 찡루(베이징-상하이간) 고속도로가 정식으로 개통되었다. 총투자액 393억 위안이 소요된 찡루고속도로는 전구간이 4차선(일부 구간은 6차선)이고 총길이가 1,262킬로이며 모두 20개 구역으로 나뉘어 건설되었다. 고속도로 통행료는 총 545위안이며 승용차로 대략 13시간 남짓 걸린다.

예로부터 천리 먼 길로 일컬어진 베이징과 상하이가 이제는 반나절이면 도착할 수 있게 된 것이다. 찡루고속도로는 베이징·텐진·허베이·산둥·장쑤·상하이 등 6개 省과 도시를 관통함으로써 화북과 화동지역의 경제

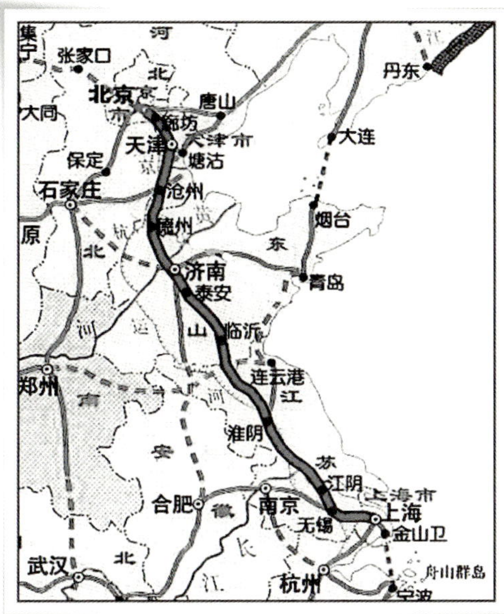

를 하나로 통합했을 뿐만 아니라, 베이징과 상하이 두 지역간의 교통운송 능력을 크게 제고시켰다. 나아가 연안도시, 대·중도시, 공업도시, 교통중심지역, 연해-항구도시 간에 긴밀한 연계를 이루어 해당 지역의 투자환경 개선에 막대한 영향을 미칠 전망이다.

이번에 개통된 베이징-선양(瀋陽)간, 베이징-상하이간 고속도로는 이미 완성된 선양-창춘(長春)-지린(吉林)간 고속도로와 상하이-항조우간 고속도로와 다시 연계됨으로써, 이제 중국의 동북지방과 화북-화동지역은 거의 2,500킬로에 달하는 하나의 고속도로로 연결되었고, 중국 동부 연안의 베이징-톈진(天津)지역, 뽀하이(渤海)만 지역, 창장(長江)삼각주지역도 하나로 통합되는 결과를 가져왔다.

지난 1999년 말까지 중국의 고속도로는 1만 6천 킬로를 돌파하여 고속도로건설 세계 제3위를 기록하게 되었다. 과거 선진국들이 40년에 걸쳐 이룩한 발전성과를 중국은 겨우 십여 년 만에 달성한 것이다. 2005년까지 다시 "두 개의 종선과 두 개의 횡선도로"가 완공되어 현재 중국정부가 추진하고 있는 "5종 7횡도로 사업 완공"이라는 국도 주요도로사업이 85%이상의 공정을 기록하게 되었고, 고속도로 총길이도 2만 5천 킬로를 넘어설 전망이다. 또한 2010년까지 "5종 7횡도로"가 모두 완공되면 국도 운송능력이 대폭 향상되어 대도시간, 각 성(省)간, 경제특구간에 4, 5백 킬로는 당일 이내에 왕복할 수 있고, 8백 내지 1천 킬로는 당일 도착할 수 있는 현대화된 고속도로를 이용할 수 있다.

중국정부가 추진하고 있는 이러한 고속도로 건설사업이 순조롭게 달성된다면, 향후 중국은 어림잡아 매년 십분의 1의 연료소비량을 줄일 수 있고, 대략 4, 5백 위안의 직접적인 경제수익과 2천억 위안의 간접적인 경제수익을 가져올 수 있다.

하지만 중국에는 고속도로 건설상 몇 가지 심각한 문제점이 드러나고 있다. 우선 고속도로를 운행하고 있는 대다수 차량들 특히 트럭들의 미등이 온전치 않다는 것이다. 심지어 어떤 차량들은 아예 미등에 불도 들어오지 않아 고속도로 야간운행시 대형 교통사고가 우려된다. 또한 적지 않은 사람들이 자전거나 도보로 고속도로를 이용하거나 무리지어 고속도로 담장을 뛰어 넘는 등 안전사고의 위험성이 매우 높다. 이외에도 고속도로 휴게실에서 종종 운전자들과 승객들이 술을 마시는 모습이 눈에 띄고, 휴게소 상점에도 맥주나 고량주들을 공개적으로 판매하고 있어 음주운전으로 인한 교통사고의 위험성이 매우 높다.

활발한 고속도로 건설과 더불어 중국도 고속도로의 안전관리와 건전한 운전문화가 시급히 요구되고 있다.

도로운수업, 물류 유망업종으로 부상

상하이시 여객수송률 95년 7%에서 16%로 껑충
컨테이너 수송량도 매년 30%씩 고성장 기록

중국 국내운수시장의 치열한 각축 속에 그동안 도로운수업이 안정 속에 꾸준히 높은 성장세를 유지하면서 장차 가장 유망한 교통수단으로 떠올랐다. 전문가들은 현대 물류산업의 발전에 따라 미래의 도로운수업이 장차 "떠오르는 산업"이 될 것으로 예측했다.

일년 중 중국인들이 가장 선호하는 황금관광철인 "五一節"(노동절)과 "十一節"(국경절)에도 육해공을 통틀어 도로운송업이 계속 우위를 차지했다. 최근 몇 년 사이 "十一節"때 중국 내 운수시장이 예상 밖으로 매우 저조하여 "五一節"에 비해 비행기, 철도, 해운의 여객수송실적이 모두 감소한 반면, 도로수송량은 "五一節" 보다 6.7%나 증가하였다.

상하이시 통계에 따르면 상하이시와 다른 성(省)간 도로이용 여객수송량은 1,100여만 명에 달하는데, 4대 운송수단중 도로운송량이 지난 1995년도 7%에서 현재는 16%를 차지하는 등 불과 몇 년 사이에 두 배 이상을 기록했다.

중국의 도로 화물수송 시장은 더욱 힘차게 도약하고 있다. 중국 최대의 국제컨테이너 항구도시인 상하이의 도로이용 컨테이너 수송량은 현재 매년 30%의 고성장을 기록 중이다. 근 5백만대의 컨테이너중 80% 이상이 도로운송을 통하여 처리되는데, 지난 1999년도 상하이시의 도로를 이용한 컨테이너 수송량은 410만대였다.

현재 유럽의 도로운송 사업은 종합 운송체계중에서 절대적인 우위를 차지하고 있고, 독일 · 프랑스 · 이탈리아 등의 도로화물수송과 도로여객수송은 전체 운송수단중 50% 이상을 차지하고 있다.

최근 중국 대도시의 제3차 산업이 크게 발전하여 가공생산품과 고부가가치 생산품의 수량과 종류가 대폭 증가함에 따라 운송서비스수준 제고 · 다양화 · 신속성 등 여객운송에 대한 질적인 요구도 강해지고 있다. 도로운송산업은 바로 이런 여객운송 서비스의 질적인 요구에 가장 잘 부합할 수 있는 물류활동이다.

한편 하드웨어 건설을 통해 상하이를 중심으로 고속도로 네트워크가 서서히 형성되고 있다. 이에 따라 전통적인 재래식 운송기업은 이미 고속 여객운송기업으로 변모했고 상하이시가 확충한 여객운송 노선도 470여 개를 넘어섰다. 지난 2000년도 상하이항구의 컨테이너 물동량은 이미 5백만 대를 넘어섰다.

현재 상하이시의 남쪽과 서북 방면에 건설 중인 두 개의 초대형 종합물류센터가 2, 3년 내에 1차공사가 마무리 된다. 또한 루챠오 항구 · 푸둥 비행장 · 챠오징 화학공업단지 · 진챠오 개발구역 등에도 4개의 전문물류센터가 건립될 예정이다.

한편 중국의 도로운수업도 계속 정보화를 추구하여 그동안 개설된 사이트만 해도 열 개에 이른다. 그중 지난 2000년 5월에 개통된 상하이 교통운수업은 가장 선도적인 공공정보망인데 현재 2백여

운수기업이 가입해 있다. 같은 해 9월에 개통된 상하이 북방화물 운송교역망은 현재 가입차량만 1,700대를 넘어섰고, 중원사이트의 화물수송사업은 반년도 안 되어 교역 액이 무려 220여만 위안에 이르는 고성장을 보이고 있다.

정부 재정체제 개혁 가속화

부급 단위별 독자적 예산 편성 허용
모든 수입 · 지출, 예산외 자금 편입 추진

중국의 정부자금은 크게 예산內자금 · 예산外자금 · 非예산자금으로 나뉜다. 예산內자금은 정확한 수치가 정해져 있으며 관리가 고정적이다. 예산外자금은 지방정부 예산외자금과 행정사업단위 예산외자금을 말하는데, 그동안 수차례 개혁과정을 통해 지금은 이에 대한 자금관리가 많이 개선되었다. 非예산 정부자금은 정부자금 관리중 가장 혼란스런 부분으로, 정확한 수치도 없이 전형적인 조사에만 의지하고 있는데 그 규모는 대략 예산內수입 규모와 비슷하다.

현재 중국의 예산관리는 적지 않은 문제점을 안고 있다. 우선 예산의 범위가 비합리적이기 때문에 모든 정부예산의 전체적인 운용상황과 정부기능의 이행여부 상황을 충분히 반영하지 못하고 있다. 또한 예산의 편성방법이 비과학적이고 세분화되지 못하여 추가예산의 편성가능성이 상존함으로써 예산의 법률적 효력을 감소시키고 있다. 그리고 예산항목과 분류가 국제관례에 부합되지 못하여 비교연구를 진행할 수 없다.

이러한 이유 때문에 인민대표대회가 예산을 심의하기도 어렵고, 법률에 의한 예산집행과 감독조차 힘든 실정이다. 정부기관의 각 부문도 관리상 혼란을 가져와 자신들의 정확한 예산규모조차 파악하지 못하고 있다. 이처럼 현존하는 예산체제의 문제점을 해결하기 위해 중국정부는 통일적, 규범적, 투명적, 국제관례에 부합하는 예산관리체제를 마련하기 위해 전면적인 개혁을 추진 중이다.

지난 2000년도에 중국정부는 중앙정부의 4개 部級(행정부서) 단위별로 독자적인 예산편성을 허용한다는 획기적인 개혁조치를 시행했다. 개혁의 방법은 각 부문마다 기층단위별로 일반예산과 기금예산을 포함한 예산을 스스로 편성케 한 후, 단계별로 상급기관에 보고케 하고 각 部級 단위는 산하부서의 모든 예산들을 취합하여 재정부에 보고하고 심의를 받는다.

재정부는 예산을 취합한 후 국무원에 보고하여 심사를 받고 다시 전국인민대표대회에 보고하여 비준을 받는다. 인민대표대회의 비준을 마치면 해당 예산은 즉각 법률적인 효력을 갖는다. 재정부는 예산비준을 통보받은 후, 각 부문별로 직접 예산을 집행하게 하고 재정부는 감독만 책임진다.

중국정부가 추진 중인 부문간 예산개혁의 목표는 각 부문이 모든 지출과 수입을 예산에 편입시키는 한편, 예산외자금까지도 여기에 포함시키도록 하는데 있다. 이는 통일적인 예산관리를 위하여 매우 중요할 뿐만 아니라, 동시에 非예산자금을 투명하게 유도하여 稅費개혁을 추진할 수 있기 때문이다. 이에 따라 현재 농업부 · 과학기술부 · 노동사회보장부 · 교육부 등 4개 부문의 예산개혁이 이미 효과를 보이기 시작했다.

현재의 재정체제 개혁의 틀 속에서 개혁의 목표는 이미 상당수준 달성했으나, 보다 완벽한 재정법규와 감독체계가 여전히 필요하며, 각 법규는 통일적, 투명적, 공개적이어야 한다는 목소리가 높다. 또한 재정부 내부와 외부에 건전한 감독기구가 설치되어야 한다고 지적한다.

중국 자동차보험시장의 급변화

중국인들의 자가용차 숫자가 갈수록 증가함에 따라 중국의 자동차보험 시장도 커다란 호기를 맞이하고 있다. 정확한 통계는 아니지만 중국 상하이의 각 보험회사들의 자동차보험 수입이 산업재해보험 총수입에서 차지하는 비율이 매년 꾸준히 상승한 결과, 이미 10%를 초과했다고 한다.

중국의 전국보험사업회의에서 보험감독회의 마(馬)주석은 현재 정부의 관련기관에서 자동차보험의 유동비율제(費率制) 실시를 검토 중에 있으며, 각 보험회사들의 자동차보험관련 신상품 개발을 허락하기로 했다고 발표했다. 이것은 곧 중국 내 자동차보험의 종류와 비율(費率)이 장차 지금까지 보험감독회의 획일적인 규정과 지시를 따르던 관례에서 벗어나게 되었음을 의미한다.

보험감독회의 이러한 발표를 접한 각 보험회사들은 즉각 환영의 뜻을 밝혔다. 이러한 조치는 지금까지 보험회사들의 발목을 잡고 있던 여러 가지 족쇄들을 일시에 제거시켰을 뿐만 아니라, 중국의 자동차보험시장이 장차 진정한 의미의 경쟁에 돌입했음을 의미한다.

보험관련 전문가들에 따르면 중국의 신차 보험상품은 향후 다음과 같은 특징을 가질 것으로 전망한다. 첫째 신상품의 발전방향은 조합식 보험증권이 될 것이다. 재산손실보험 · 책임보험 · 의외상해

보험을 동시에 가입할 수 있기 때문에, 보험가입자는 앞으로 산업재해보험과 생명보험을 구분할 필요가 없다. 둘째 미래의 자동차보험 費率은 보험가입자의 조건을 더욱 크게 고려해야 한다. 費率은 사람마다 다르기 때문에 이전처럼 단순히 차량의 조건만을 고려할 수는 없게 된다. 셋째 앞으로 표준화 · 전자화는 보험 상품이 추구하는 바람직한 목표가 될 것이며, 전화와 인터넷은 자동차보험을 판매하는 중요한 수단이 될 것이다. 넷째 신속한 양질의 서비스는 상품경쟁에 있어 매우 중요한 판매방식이 될 것이다.

결국 자동차보험시장이 개방된 후 중국의 소비자들은 더욱 다양한 보험 상품을 선택할 수 있게 된 반면, 보험회사들은 타사와의 경쟁과정에서 자신들의 우위를 계속 유지하기 위하여 고객의 요구사항에 더욱더 귀를 기울여야 하고 이에 알맞은 신상품과 최상의 서비스를 제공해야만 될 것이다.

그러나 일부 전문가들은 중국 자동차보험시장의 장기적인 발전을 위해서 여전히 해결해야할 두 가지 문제점이 있다고 지적한다. 먼저 자동차보험은 역시 사람과 관련된 문제이다. 외국의 경우 대부분의 자동차보험은 대인형 혹은 대차(대물)대인형이지만, 중국의 자동차보험상품은 모두 대차형이기 때문에 상품구조가 극히 불합리하고 보험회사와 고객 모두에게 매우 불공평하다. 그러나 이 점을 해결하는 것도 결코 쉬운 일이 아니다. 차주인 개개인의 정보수집과 관리면 에서도 다방면의 조건을 고려해야 하기 때문에, 단순히 보험회사 자체로는 해결할 수 없고 이에 합당한 정책적인 조처가 필요하다는 지적이다.

다음으로 어떻게 자동차보험시장의 경쟁을 규범화시키느냐 하는 문제이다. 아직까지는 상품이 단일하기 때문에 보험회사들은 할인경쟁으로 고객을 끌어들일 수밖에 없는데, 이에 따라 소비자들에 대한 보험회사들의 정당한 서비스가 자칫 소홀해질 우려가 있다. 그러므로 당국은 자동차보험시장을 적극 개방시킴과 동시에 감독관리를 더욱 강화하여 자동차보험시장의 건전한 발전을 유도해야 하고, 나아가 고객들이 시장개방화에 따른 이익을 충분히 향유할 수 있는 합당한 조치들을 마련해야 한다고 지적한다.

중국의 新 민항기 발전계획

중국 민항기산업의 발전에 대하여 일찍이 중국민항계의 한 인사는 "중국민항기의 날개가 너무 무겁다"고 탄식한 적이 있다. 사실 이미 시험우주선 발사까지 성공한 중국이지만, 민항산업만큼은 아직까지 보잉 737기나 A319 같이 경량급 비행기와 필적할 만한 현대 제트여객기를 생산해내지 못하고 있다.

얼마 전 주하이(珠海)시에서 개최된 중국 국방과학공업위원회의 제3차 중국 항공우주비행 박람회의에서 중국의 새로운 민항기 발전계획이 발표되었다. 위원회의 한 책임자에 따르면 중국은 장차 새로운 사고와 체제 및 새로운 메커니즘을 이용하여 신형 터보비행기를 연구제작할 계획이다.

과거 30년 동안 중국민항산업은 때로는 폐쇄적으로 비행기 연구를 추진해 왔고, 때로는 외국기업과 합작을 원했으나 지금껏 바람직한 중국민항산업의 발전방향을 찾지 못했다. 몇 년 전부터 중국은 민항산업발전을 위해 먼저 부품생산에서 전체조립단계를 거치고, 나아가 외국기업과 합작으로 신형비행기를 연구 제작한다는 이른바 민항기발전 3단계 과정을 마련했다.

하지만 수년 동안 지속된 담판 결과 외국기업과의 신형기 연구제작사업은 결국 무산되고 말았다. 이러한 쓰라린 경험은 중국인들에게 민항산업은 곧 전략산업으로서 결코 순순히 외국기업에게 양보할 수 없다는 사실을 일깨워주었다. 이런 경험과 토대위에서 이번에 국가적 사업으로 신형기 개발계획이 발표된 것이다.

민항기 연구제작사업은 자금의 투자규모가 막대하고 연구기간이 길며 기술밀집도와 국제적 경쟁력이 매우 높은 산업이다. 예를 들어 A319회사는 일찍이 민항시장의 근거지를 확보하기 위하여 20년 동안의 손해를 감수한 결과, 오늘날 보잉사와 대등한 자리를 차지할 수 있었다. 마찬가지로 중국의 민항산업도 향후 2, 30년 동안 엄청난 투자와 노력을 기울일 전망이다.

중국은 국제항공기구락부에 가입한 후 직면하게 될지도 모르는 각종 위험부담을 최소화하기 위해 우선 "지선으로부터 시작한다"는 신형기개발 계획안을 마련했다. 현재 보잉사 등은 모두 50석 내지 70석 규모의 지선비행기가 없기 때문에 중국은 이들과의 충돌을 피함으로써 상대적으로 넓은 공간의 시장을 확보하려는 계획이다.

과거 중국의 비행기제작 공장은 모두 "군수공장"이었고 비행기 제작은 곧 "정치적인 임무"에 속했다. 그러나 이번 신형기 연구제작사업은 무엇보다도 "상업적 성공"을 목표로 삼고 있다는 점에서 과거와는 본질적으로 다르다고 할 수 있다.

민항산업이 국내외시장에서 성공하기 위한 유일한 방법은 바로 시장경제의 법칙에 충실해야 하기 때문에, 어떤 전문가는 중국이 만일 군수품 용도로 민용 비행기를 제작한다면 영원히 실패의 늪에서 벗어나지 못할 것이라고 경고한다.

오늘날 비행기산업은 바로 한 국가의 총체적인 국력의 표현임과 동시에 군과 민간이 현대항공기술의 70%를 공유한다는 특징을 가지고 있다. 이처럼 돈으로는 절대 항공 산업의 기술을 살 수 없기 때문에, 중국정부도 "자력갱생"이나 "자주적인 지적소유권 보유"를 크게 강조하고 있다. 한편 중국의 이번 신형기계획이 발표된 후, 이미 외국의 여러 엔진제작사들과 비행기화물 적재설비제작상들이 중국과 협력관계를 맺기 위해 다각도로 중국항공기 회사의 접촉을 시도하고 있다.

중소형 비행기 시장의 주역

국제가격보다 30% 저렴...비교우위 확실
동남아 · 아프리카 · 남미 등 수출 공략 대상
전문가들 中항공시장 연 9.2% 성장 전망

얼마 전 중국에서 개최된 제3회 중국항공우주박람회에서 보잉사의 한 간부는 미래 민항기시장의 수요에 따라 장차 중소형 비행기가 미래 민항기시장의 주역이 될 것이라고 발표했다.

이번 보고서에 의하면 2019년까지 전 세계 항공사의 비행기대수는 현재보다 두 배 이상인 총 31,775대에 이를 전망이다. 신형기의 수요량은 총 22,315대인데 그중 여객기가 21,512대를 차지한다. 신형기중 소형 지선(支線)제트기는 4,195대, 단(單)통로형 비행기는 12,380대, 중형기는 4,730대, 747기와 대형기는 약 1,010대이다.

이처럼 향후 20년 내 세계 항공사의 구성에 커다란 변화가 발생하기 때문에 세계 항공사들은 장차 소형기를 대량 구매하여 국내노선과 단거리 국제노선에 대폭 투입할 계획이다. 수요가 가장 급증할 신형 중형기들은 과거 보잉747기에만 의존하던 대륙간 장거리운항에 투입되어 항공사들의 운항비 절감에 크게 도움이 될 것이다.

전문가들은 중국의 항공운수업이 계속 고도성장을 이루어 중국

국내항공시장의 연평균 성장률이 장차 9.2%에 이를 것으로 예측하고 있다. 2019년이 되면 중국은 2,200여대(신형기 1,790대 포함)의 여객기를 보유함으로써, 전 세계 비행기의 10%를 차지하게 되고 항공사 규모도 현재의 4배가 된다.

신형기중 단통로비행기(지선제트기 포함)의 점유율은 대략 70% 이하, 쌍통로비행기의 점유율은 30% 이상(570대)을 차지할 전망인데, 보잉747기와 그보다 더 큰 비행기는 100여대에 불과할 것이다. 소형 단통로비행기는 주로 중국 서부지역의 각 성(省)내에서와 각 省들 사이의 운항노선에 사용될 것이다. 현재 대규모로 진행되고 있는 중국 서부대개발은 의심할 바 없이 이 지역의 항공 산업 발전을 크게 촉진할 것이다.

중국 국방과학기술위원회의 한 책임자에 따르면 중국 민항기산업의 국제시장개척은 민항기 부품주문생산과 비행기 완제품수출의 두 가지 측면에서 진행되고 있다. 과거 중국민항업계가 국외 비행기제조상으로부터 주문받은 부품생산규모는 연평균 판매액 5천만 달러에 불과했으나, 작년도 수출액은 6, 7천만 달러에 달했다. 중국정부는 관련기업들이 외국항공사의 주문 품종과 규모를 계속 확대 생산하여, 중국 민항기산업이 이들의 주요 공급원이나 유일한 공급원이 되도록 하고, 생산규모도 2005년까지 4억 달러로 확대하도록 유도하고 있다.

비행기 완제품 수출시장의 중국민항기는 가격 면에서 확실한 비교우위를 차지하고 있다. 국제시장의 수준이 같은 동급형 비행기와 비교해서 중국민항기의 가격은 3할 정도가 저렴하다. 중국의 K8 제트훈련기는 이미 이집트와 80대분의 수출계약을 체결했다. 運12 시리즈 비행기는 이미 미국과 영국 항공당국이 요구하는 자격증을 획득하였고, 지금까지의 수출량도 80여대에 이른다. 또한 얼마 전 중국은 캐나다와 200대의 運12 시리즈 비행기 판매계약을 체결했는데, 이중 4대는 이미 고객들에게 인도되었다.

중국민항기는 주로 동남아 · 아프리카 · 남미지역으로 수출된다. 현재 허페이(合肥)와 창허(長河)항공사는 외국항공사와 헬기 합작생산을 모색하면서 헬기의 해외시장개척에도 적극 나서고 있다.

최초로 중국형 로봇인간 발명

국방과학기술대학 10년여 연구끝 제작
동태적 보행 가능 상당수준 언어 구사

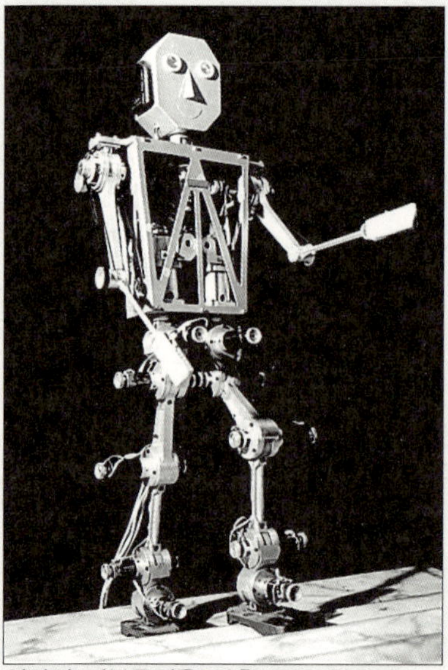

인간의 기본특징을 갖춘 중국 최초의 로봇인간 "선행자"의 모습

지난 2000년 중국 창사(長沙)의 국방과학기술대학은 중국 최초로 인간의 형상을 하고 사람처럼 보행하며 기본동작의 조작능력까지 갖춘 중국형 로봇인간(일명 "先行者")을 발명했다. 이로써 중국은 세계에서 몇 번째 안가는 로봇인간을 생산하는 첨단기술 보유국이 되었다.

이미 지난 1990년 양발 보행 로봇제작에 성공했던 중국 국방과학기술대학의 연구진이 다시 십년 동안 각고 노력한 결과, 마침내 인간과 유사한 로봇인간을 탄생시킨 것이다.

이 로봇인간은 인간과 똑같이 신체·목·두부·눈·두 팔·두

다리 등으로 구성되어 있고, 상당수준의 언어구사 능력도 갖추고 있다. 키는 1.4미터, 체중 20kg으로 전진, 후퇴, 좌우측 보행, 좌우 돌기, 손과 어깨를 앞뒤로 흔들기 등의 기본동작을 할 수 있다. 과거에 비해 걸음걸이는 한 걸음당 6초에서 2초로 앞당겨졌고, 평지의 정태적 보행에서 빠른 속도의 동태적 보행으로, 익숙한 환경내 보행에서 좁고 불확실한 환경내 보행까지도 가능하게 되었다.

지난 1985년 일본의 유명한 築波박람회에서 미국과 일본이 각각 세계 최초의 양발 보행 로봇을 등장시키자 세계인들은 커다란 찬탄을 보냈다. 그 후 일본의 혼다회사는 지난 1997년 최초의 로봇인간을 만들었다.

현대 과학기술의 발전에 따라 로봇인간의 기술은 이미 인류의 각종 생활에 광범위하게 응용되고 있기 때문에, 세계의 선진국들은 아낌없이 거금을 투자하여 로봇인간 연구개발에 진력하고 있다. 로봇인간은 레이저 동력 · 컴퓨터 · 신소재 · 감각 전달기 · 자동 컨트롤기술 등과 관련된 일체의 학문들이 동원되기 때문에, 이 기술은 한 국가의 첨단과학기술력과 발전수준을 가늠하는 중요한 척도가 되고 있다. 또한 로봇인간과 관련된 기타 기술 분야의 연구에도 새로운 이론과 과학기술의 경험을 제공함과 동시에 로봇인간의 신경회로망 시스템 · 생리시각 시스템 · 양손공조 시스템 · 손가락 컨트롤 시스템 등의 연구 성과도 얻게 된다.

한편 로봇인간 기술은 광범위한 응용영역을 갖게 된다. 예를 들어 방사능 · 미세먼지 · 유독가스 등의 환경에 노출될 위험이 있을 때는 로봇인간이 사람대신 이런 작업을 할 수 있고, 의학적으로도 일종의 동력형 의족에 이용되어 장애자들이 정상인과 똑같이 보행하게 할 수도 있다. 이밖에도 로봇인간은 영화, 오락, 서비스업 방면에 널리 응용될 수 있다.

중국산 이동통신기기 외국산과 시장쟁탈전

꿔메이(國美)기업 휴대폰시장 진입...저가 공세
올 1·4분기 고객 1억 초과...점유율 9%

최근 중국의 저가 가전제품 판매로 유명한 꿔메이 기업이 "향후 반년 동안 이윤을 내지 않겠다"고 공언하면서, 중국 휴대폰시장에 본격적으로 뛰어 들었다. 주의할만한 것은 꿔메이가 기존의 중국 이동통신기기 생산회사들과 전략적 제휴를 맺고 저가공세로 국산 휴대폰 시장의 활로를 뚫기로 했다는 사실이다.

지난 2001년 7월, 17개 국산 이동통신기기 업체들이 베이징에서 회합하여 "2005년까지 시장점유율을 50%까지 끌어 올린다"는 거대한 목표를 표방했다. 사실 중국이동통신기기 생산업체들의 연맹은 이번이 처음이 아니다. 지난 1996년 중국산 휴대폰이 처음으로 시장에 진입한 후, 중국의 몇몇 유력한 업체들이 연달아 휴대폰 생산시장에 뛰어 들었다.

1999년 12월에는 TCL·슝마오·커젠·샤화 등 5대기업이 결맹하여 외국산휴대폰과 일전을 겨루었다. 그 후 일년 뒤에는 중국의 통신 산업과 가전업계 및 컴퓨터업계를 대표하는 뚱신·캉쟈·하이얼·소우신·렌샹·중싱통신 등을 포함한 11개 회사들이 결맹에 참가했고, 2001년에는 모두 17개 기업으로까지 규모가 확대되어 국내시장의 절반을 탈환하겠다는 목표를 내건 것이다.

하지만 지난 2000년 말까지 17개 기업의 이동통신시장 점유율은 겨우 9%에 불과하여 중국 국내업계들이 외국의 유명제품들과 경쟁하기에는 여전히 역부족임이 증명됐다. 그럼에도 불구하고 이런 결과에 대해 관련업계는 상당한 자신감에 차있다. 그 이유는 과거의 중국 가전제품시장도 처음에는 외국산제품들에 의해 거의 잠식당했지만, 십여 년에 걸쳐 기업들이 각고 노력한 결과, 지금은 마침내 국산 가전제품들이 국내시장의 주류를 이루고 있다는 사실 때문이다.

금년 1·4분기까지 중국이동통신 고객은 이미 1억 명을 초과하여 세계 제2위를 기록했다. 관련업계는 2005년까지 중국의 이동통신사용자가 3억 명에 이를 것으로 내다봤다. 그러나 전문가들은 국산업체들의 이동통신기기 연구개발 능력이 전반적으로 부족하여 핵심관련 기술을 아직까지 확보하지 못하고 있으며, 시장규모가 협소하여 세계적인 유명제품을 생산하지 못하고 있는 점 등이 커다란 과제라고 지적한다.

"저가공세"는 여전히 중국이동통신 회사들의 주요한 경쟁수단이다. 특히 상하이시장에서 꿔메이가 판매하는 중국산휴대폰 가격이 가장 크게 하락하고 있다. 커젠의 K3900형 시장가가 1,850위안에서 1,880위안 사이인데 꿔메이는 겨우 1750위안이고, 커젠의 K6600형이 평균 2,380위안인데 꿔메이는 겨우 2,280위안에 불과하다. 어떤 중국산 휴대폰판매상의 "우리는 시장의 '밑바닥'에서부터 일어설 것이다" 라는 선언에서 중국이동통신 업계의 결연한 의지를 엿볼 수 있다.

현대중국의 교육·언론

칭후아(清華)대학-하버드대학 MBA과정 설치 ‖ 중국 MPA열기 고조-석사공무원 양성 ‖ 여중생들의 미인 선발대회 참가 ‖ 해외유학생의 귀국 열풍 ‖ 초중학교 성교육 실시 ‖ 중국의 독(獨)자녀 사회진출 시작 "9)5+4" 학제개편 부분적 실시 ‖ 거대한 정기간행물 시장 ‖ 교육비 투자 급증 ‖ 외국어통역 자격시험 날로 인기 ‖ 가정폭력 감소 추세 ‖ 제3차 외국어학습 열기 고조 ‖ "아동 경서강독반"에 대해 의견분분 ‖ 가정 내 청소년 사춘기교육 공백상태 ‖ 중국 박사지도교수, 뒤늦은 박사과정 이수

칭후아(清華)대학-하버드대학 MBA과정 설치

지난 2001년 초 중국 칭후아(清華)대학 경제관리학원은 하버드대학과 공동으로 "인터넷시대의 管理"라는 주제를 내걸고 제1기 MBA과정을 개설했다. 6일간의 단기연수 비용은 국내기업의 경우 1인당 2만 위안(元)이고 외국기업은 1인당 6,500달러였다.

그러나 칭후아대학의 한 관계자는 이러한 학비로는 연수반의 전체 경비를 충당하기에 역부족이라고 말한다. 우선 연수반의 연수 장소가 오성(五星)급 호텔이며 강의담당 교수들의 숙식도 모두 여기에서 이루어진다. 그외 하버드대 교수들의 보수와 여행경비 및 제반 잡비들까지 포함시킨 결과 연수비용은 적자를 기록했다. 이에 칭후아대학은 제2차 연수과정부터 외국기업인들의 연수비는 종전과 동일하지만, 국내기업인들의 연수비는 1일 평균 5천 위안씩 총 3만 위안으로 인상했다.

제1기 연수반의 수료식이 끝난 후, 일부에서는 이런 단기적인 MBA과정은 실제적인 연수의 실효성이 떨어진다는 비판했지만, 칭후아대 측에서는 이것은 모두 잘못된 오해라고 일축했다. 우선 칭후아대 MBA과정에 참가한 연수생들은 일반 MBA과정의 학생들과 다르다. 일반 MBA과정의 학생들은 지식위주의 학위교육과정을 체계적으로 이수하는데 반해, 칭후아대 연수반들은 대부분 중국대기업에 종사하고 있는 고위경영자들로서 연수목적도 대부분 자신들의 "재충전"을 위한 것이며 수료 후에도 학위증 대신 수료증을 발급 받는다.

또한 연수반에 참여한 사람들 중에는 외국유학 경험자들이 많고, 이미 MBA학위를 소지한 자들도 적지 않다. 연수내용도 초보적인 강의는 생략한 채 곧바로 기업경영과 전략에 관한 연구와 토론에 돌입한다. 또한 1주일 동안 기업의 고위경영자들끼리 상호교류와 토론을 벌일 수 있다는 점도 이번 고급연수반의 특징이라 할 수 있다.

다음으로 칭후아대 MBA과정은 입학시험을 거치지 않고 바로 입학한다. 연수희망자들은 든든한 재력뿐만 아니라, 반드시 해당기업의 주요정책을 책임질 수 있는 자리에 있어야 하고 기업의 고위관리직에서 십년 이상 근무한 경력이 있어야 한다. 이외에도 입학여부를 결정할 수 있는 평가기준으로 현재 몸담고 있는 기업의 규모·업적·종업원 수 등을 요구한다.

연수생을 선발하기 위해 칭후아대와 하버드대학은 공동 심의위원회를 조직했다. 제2기 연수생의 예정된 모집인원은 65명이었으나, 유명한 기업간부 2백여 명 이상이 경쟁지원을 한 결과 80명만이 입학했다. 그들 중에는 TCL이사장·리엔샹(聯想)그룹 회장·중국원양업 회장 등 유명인사들이 수두룩하다. 동시통역을 통해 이루어지는 연수반의 강의는 주로 중국기업이 당면한 현실적인 문제점들을 다루지만, 한국·일본·인도 등 아시아의 유명 기업들에 대해서도 집중적인 분석과 토론을 벌인다.

연수가 끝난 후 사회일각에서는 엄청난 연수비용에 비해 단기간의 연수로는 결코 원하는 목표에 도달하기 어렵다는 지적도 나왔다. 심지어 어떤 인사는 연수생들이 많은 돈을 투자하여 연수에 참가한 주목적이 바로 수료증 취득에 있으며, "칭후아대학도 MBA를 팔아먹는다"고 혹평하기도 했다.

그럼에도 불구하고 연수에 참가했던 대부분의 사람들은 연수담당 교수들이 기업경영에 관한 복잡한 문제들을 매우 간단명료하게 설명해 주었고, 자신들에게 기업경영에 관한 신사고를 제시해 주었다며 비교적 높은 만족감을 나타냈다. 특히 무엇보다도 기업의 전략정책이 가장 중요한 기업의 고위관리자들에게 MBA과정의 전략적인 지도는 커다란 의의가 있다고 하는 상반된 평가들이 나오고 있다.

중국 MPA열기 고조-석사공무원 양성

지난 2001년부터 베이징(北京)대학과 칭후아(清華)대학을 비롯한 중국의 유명대학들이 MPA(공공관리석사)과정을 개설하기 시작했다. 베이징대학에 MPA과정 입학문의를 한 사람들은 대부분 국가공무원들로, 특히 80% 정도가 베이징 소재 중앙정부기관에서 근무하고 있는 사람들이다.

MPA과정은 주로 국가공무원 학위교육과정으로 모집대상이 학사학위를 소지하고 4년 이상 정부기관이나 비정부 공공기구에서 실무경력을 쌓은 사람들이다. 재직수업위주의 수업방식은 공공관리 영역에 알맞은 실무교육 중심으로 이루어진다.

MPA과정과 MBA과정은 모두 현대공공관리 중심의 직업교육과정이지만, 현재 중국에서의 MPA과정은 MBA과정처럼 졸업 후 곧바로 고수익의 직장이 기다리지는 않는다. 즉 중국 유명대학의 MBA과정 졸업자는 보통 연봉이 8만 내지 10만 위안에 이르지만, 향후 MPA과정 졸업자는 주로 정부기관 공무원 신분으로 다시 복귀하거나 非영리성 중개기구에서 일하게 되며, 설사 어떤 기업의 임직원이 된다 해도 그 수입이 결코 많지 않을 것이다.

개혁·개방 이후 중국정부의 공공관리부문은 크게 두 가지 점에서 뚜렷한 변화를 보이고 있다. 첫째는 공공관리영역의 확대이다.

현대과학기술의 신속한 발전과 전파, 인구증가와 인구 유동성의 변화, 환경보호, 사회보장과 의료보험의 보편화, 사회범죄와 치안 문제의 출현, 전 세계 시장의 단일화 등에 따라 중국사회에서 공공관리분야의 역할이 갈수록 커지고 있다.

둘째는 중국정부자체의 개혁이다. 중국정부가 중국사회의 모든 공공사업을 관장할 수 없기 때문에 보다 더 민주적인 관리방식으로의 전환이 요구되고 있다. 그러므로 중국정부기구의 개혁은 필연적으로 공공관리 주체의 다원화로 이어질 것으로 보인다.

우선 정부직능의 전환에 따라 시장, 사회, 기업 및 정부조직내의 각 부문들과의 관계가 순조롭게 전환되고, 중앙정부의 권력이 지방정부로 이전되어 정부조직이 효율적으로 축소되어야 한다. 비록 중앙정부가 여전히 공공관리 분야의 가장 권위 있는 주체로 남지만, 일부 비정부 공공기구들도 공공관리의 주체가 되어 사회내의 많은 공공관리사업들을 관장할 수 있게 될 것이다.

한편 중국의 공무원 수는 대략 5백만이나 되지만 상대적으로 공무원의 소질이 매우 낮다는 평가를 받고 있다. 전문대와 전문대 이상의 학력을 가진 자는 전체 공무원의 5%에도 미치지 못하며, 대다수 공무원들이 도중에 전업하거나 교육수준이 비교적 높은 공무원들도 공공사업관리 분야에 대한 전문지식이 결여되어 있다.

이런 점에서 중국의 MPA과정 개설은 마치 제때를 만난 듯하다. 왜냐하면 현재 중국에서 국제적 관례에 따른 일처리는 중국기업들에 대한 요구일 뿐만 아니라 바로 중국정부기구에 대한 요구이기도 하기 때문이다. 결국 MPA과정은 중국정부기구의 직능전환에 일대 촉진제역할을 할 것으로 기대된다.

여중생들의 미인선발대회 참가

얼마 전 중국에서는 일부 중학생들의 미인선발대회 참가여부를 두고 학교와 사회일각에서 이에 대한 찬반론이 분분했다.

사건의 발단은 쓰촨성(四川省)의 한 기업이 기업이미지 홍보를 위해 주최한 "미인선발대회" 광고를 보고 청뚜(成都)시 일부 중학생들이 대담하게 이 대회에 참가신청을 한 것에서 시작되었다. 이 여학생들의 모습이 TV 화면과 신문지상을 통해 전국에 알려지자 많은 사람들이 이에 대해 우려를 나타냈다.

중학생 신분으로 미인선발대회에 참가하는 것은 결코 바람직하지 못하며, 학교당국과 학부모들이 하루빨리 이 학생들을 정상적인 학교 안으로 되돌아오게 해야 한다고 주장했다.

청뚜시 교육위원회 한 간부는 현재 신체적인 성장과 학습과정에 놓여 있는 중학생들은 사회변별 능력이 부족하고 유혹에도 빠지기 쉬우므로, 이런 미인선발대회 참가는 매우 부적절하다고 지적했다.

일부 학부모들도 미인선발대회에 뽑힌 학생은 학교수업의 주의력이 분산되고, 떨어진 학생들은 심리적 부담감이 가중되어 양자 모두 학업에 막대한 지장을 초래하므로 이를 반대한다고 밝혔다. 학생에 대한 평가는 학업성적과 성실한 학교생활에 달려있지 미인

대회 입상과는 아무런 상관이 없다는 요지였다.

그러나 청뚜시 모 전문학교의 어떤 교수는 이에 대해 정면으로 반박했다. 그에 의하면 인간이란 누구나 미(美)를 사랑하며 여중생들의 미인선발대회 참가는 곧 그들의 미에 대한 추구라고 볼 수 있다는 것이다. 또한 앞으로 중국사회는 과거처럼 졸업 후 국가에서 직장을 안배해주지도 않고, 모든 학생들이 자신의 능력에 따라 스스로 일자리를 찾아야만 한다. 만일 지금처럼 학생들이 학교 내에서 고지식하게 지식위주의 수업만 쌓고, 학교 밖과 집안에서 항상 부모들에게 의지만 한다면 누가 그들의 미래를 보장해 주겠는가. 그러므로 이번 사건은 학생 스스로가 자신의 진로를 적극적으로 개척하고 나아가 자신의 부족한 점을 보완하려고 시도로서 일종의 실천 학습적인 성격이 강하다는 것이 그 이유였다.

심지어 어떤 학부모는 미인선발대회와 같은 사회활동에 학생들이 적극적으로 참가하는 것은 그들의 성장과정상 매우 필요하다고 주장했다. '스타'가 되는 것은 오늘날 학생들의 한결같은 바램인데, 그들의 활동을 반드시 교내로만 국한시켜야만 하는지 그리고 과제물의 내용만으로 반드시 학업성적의 성패를 삼아야 하는지에 대해서 이제는 한번쯤 재고해야 할 문제라고 주장했다.

미인선발대회에 직접 참가했던 한 여중생은 중학교 재학시절에는 수업부담이 너무 커서 사회적으로 자신을 표현하고 훈련시킬 기회가 전혀 없었는데, 이번 대회는 잃어버린 자아발견의 기회를 되찾을 수 있는 좋은 기회인 것 같다고 말했다. 이 같은 사실은 인생성공 문제에 대한 중국 중학생들의 사고방식이 매우 적극적으로 변해가고 있음을 의미한다.

한편, 이번 미인선발대회 참가자의 나이를 만 18세로 제한했지만 일부 참자가들이 나이를 속이면서까지 참가하는 바람에 대회

주최 측을 난감케 했다. 하지만 어린 중학생들의 美에 대한 욕구가 너무 강하고 일부 학부모들조차 이를 묵인하는 형편이어서 주최 측에서는 할 수 없이 전례를 깨고 이들의 참가를 허용했다.

중국 중학생들의 미인선발대회 참가문제는 학생들의 사회실천을 날로 강조하고 있는 중국의 학교교육 현실을 고려한다면, 이는 일종의 학교문화와 중국 시장경제의 융화라고도 볼 수 있지만, 이에 대한 논란은 당분간 계속될 전망이다.

해외유학생의 귀국 열풍

중국정부에 대한 영주권 발급 요구 날로 드세

최근 들어 중국에는 외국에서 유학을 마친 중국유학생들의 귀국 행렬이 대거 줄을 잇고 있다. 귀국 후 이들은 주로 중국 최고의 명문대학인 베이징(北京)대와 칭후아(清華)대 두 대학에서 후학들을 가르치는 한편, 첨단산업연구에 종사하고 있다.

통계에 따르면 현재 베이징대와 칭후아대에는 각각 약 3백 명 가량의 외국유학 박사들이 교학에 종사하고 있다. 뿐만 아니라 최근 2년 사이 베이징대는 매년 7, 8백 명의 졸업생들이 해외유학을 떠나고 있는데, 이는 한해 졸업생의 약 20%에 해당되는 숫자이다. 바야흐로 중국 정부가 그동안 주장해온 "유학장려, 귀국권장, 자유왕래" 정책이 결실을 맺고 있는 것이다.

한편 중국국제인재교류협회 마쥔루 부주석은 외국국적을 가진 사람들에 대한 중국정부의 영주권 발급문제에 대하여 오래전부터 기회 있을 때마다 중국정부에 이 문제를 제기해 왔다. "중국영주권" 발급은 외국인이 손쉽게 중국을 출입할 수 있는 작은 문제일 뿐 아니라, 외국인의 對중국 투자환경과 직결된 중요한 문제이기도 하다.

마 부주석은 얼마 전 "해외유학생 귀국과 창업에 관한 조사"활동에 참가했는데, 분석결과에 따르면 1978년부터 2000년 초까지 중국에서는 모두 32만 명의 유학생들이 세계 1백여 국가와 지역 등으로 유학을 떠났다. 그들 대부분은 주로 첨단과학기술 분야를 전공하여 이미 세계 각국의 주목을 끌면서 외국기업들의 주요 스카우트 대상이 되었다.

외국유학생중에 이미 중국에 귀국하여 창업에 종사하고 있는 사람들의 비자는 대략 세 종류로 나뉜다. 첫째 이미 외국여권을 소지한 사람, 둘째 여전히 중국여권을 소지하고 있지만 소재국의 영주권을 취득한 사람, 셋째 중국여권만 소지한 사람 등이다. 이들 중 첫째와 둘째 부류에 속한 사람들은 사업 활동이 매우 활발하고 중국출입이 자유롭다. 그들이 종사하고 있는 첨단과학기술 분야는 국가 간 지역 간의 출입이 빈번할 뿐 아니라 출입국 수속이 용이해야만 한다. 특히 그들은 귀국 횟수가 잦아 중국을 출입할 때 비자 면제를 받기 원한다.

오늘날 첨단과학기술은 세계화를 지향하고 있다. 예를 들어 어떤 상품은 비록 중국 내에서 설계되었지만 미국・일본・인도 등지에서 가공될 수도 있고, 어떤 상품은 기획단계에서 제품인도 시기까지 그 주기가 짧아야만 시효성이 커질 수 있다. 따라서 이런 분야에 종사하는 사람들은 국경을 초월하여 수시로 세계를 자기 집 마냥 넘나들면서 사업을 벌인다. 왕래가 자유롭고 출입국 수속이 간편한 것은 그들이 투자지역을 선택하는데 있어 중요한 조건이 되며, 이는 바로 투자환경의 건전성 여부를 가늠하는 중요한 척도가 되기도 한다.

현재 중국의 영주권은 외국인에게 개방되지 않아 “중국영주권”을 취득하여 자유롭게 중국 국경을 출입하는 외국인은 아직까지 몇 십 명에 불과하다. 해외유학생들의 귀국열기에 따라 중국정부에 대한 외국인의 영주권 발급 요구가 날로 높아지고 있다.

초등학교 생태교육 실시

교정에 들어서면 온통 푸른색이 눈에 가득 들어오고 "백조원(百鳥園)"에는 온갖 새들이 지저귀며 소(小)농장에는 갖가지 꽃들이 다투어 피어나니, "조어화향(鳥語花香, 새들이 노래하고 꽃들이 향기를 뽐낸다)"이야말로 민싱취(閔行區)에 있는 주띠(諸翟)초등학교를 가장 잘 표현하는 말이라고 할 수 있다. 이 학교는 학생들에게 다양한 생태환경 교육을 실시하여, 학생들의 관찰 · 사고 · 실천능력 · 미화생활 능력을 키우고 있다.

새소리를 따라가 보면 길이가 10미터, 폭 8미터, 높이 10미터의 커다란 새장을 발견하게 되는데, 그 속에는 공작 · 珍珠鷄(일명 뿔닭. 아프리카 북부산으로 검은 털에 진주 같은 흰 반점이 있음) · 비둘기 · 앵무 · 구관조 등 10여종의 새들이 있다. 새를 기르는 학생들은 매일 이 곳에 와서 새들을 관찰한 후 일기를 쓴다. 학생들은 최근에 숫공작 꼬리부분에 겹날개가 펴지는 원리를 진지하게 연구하고 있다. 상하이 동물원의 지원을 받아 이 학교는 "새는 인류의 친구"라는 주제로 생활과학 보급활동을 펴고 있다.

"백조원"은 학생들이 특별활동 시간에 가장 많이 찾는 곳이다. 학생들은 우선 이곳에서 새의 외형적 특징과 생활습성을 관찰한 다음, 실기시간에 종이로 새를 만들고 미술시간에 색연필로 새를 그리면서, 도서실에서 평소 관심조차 없던 조류도감까지 다투어 빌려 본다.

이러한 현장학습 활동과정을 통하여 학생들은 조류에 대한 관심을 높이고 새를 사랑하고 보호해야 된다는 자각을 하게 된다. 이번의 '새(鳥)사랑 주' 기간에 그들은 절약한 용돈 5천 위안을 모아 상하이 동물원 국가2급 보호동물인 원앙새를 구입하기도 했다.

학교건물 뒤쪽은 "소농장"이라 불리는 종합실습장이 있다. 과외활동 시간에 학생들은 여기에서 금붕어 · 토끼 · 비둘기 등을 기르고, 화초를 가꾸며 직접 생태계의 신비를 체험하게 된다. 농촌지역 초등학교 과외활동은 상대적으로 비교적 따분한데, 이들은 실습장을 이용하여 농촌 초등학생들의 초보적인 미화생활능력을 기르는 실천적 연구 활동을 하고 있다.

교사들의 지도하에 학생들은 선인장 접목 · 꺾꽂이 · 수선화 조각 · 흙없는 재배 등 기본 재배기술을 익힌다. 학생들이 손수 가꾼 나무와 꽃들은 학교안의 다른 곳으로 이식하거나 교실안의 생물코너에 전시된다. 몇 년이 지나 실습장의 화초와 나무들은 교내를 푸르게 녹화시킬 수 있을 뿐만 아니라, 인근의 정부기관이나 기업체의 접대장소와 회의석상에 제공되기도 한다.

중국의 독(獨)자녀 사회진출 시작

요즘 중국 국가기관이나 기업체에 근무하는 사람들은 신입사원들 대부분이 독(獨)자녀 출신들이라는 사실에 주목하고 있다. 상하이 과학원 청소년연구소 副연구원 양슝은 중국정부가 지난 1980년대 부터 시행해온 독(獨)자녀 정책(1가구 1자녀 정책)으로 출생한 아이들이 이십여 년 간의 성장과정을 거쳐 바야흐로 중국사회에 진출하기 시작했다고 해석했다.

현재 중국도시의 아이들은 기본적으로 모두 독자녀들인데, 이들은 중국은 물론 세계역사상 유례가 없는 신세대들이다. 이들에게 "형제 자매"라는 말은 사전적 어휘에 불과하다. 중국의 독자녀들은 여러 가지 면에서 기존 세대들과 차이가 있지만, 많은 사람들이 이 점을 간과하고 있다.

1995년부터 중국 독자녀들의 대학진학이 시작되었고, 그들은 신입생 인적사항중 형제자매 란을 모두 빈칸으로 남겨둔다. 조사에 의하면 전체 대학신입생중 독자녀의 비율은 최소한 절반 이상을 차지하고 있고, 그외 군대 · 공장 · 상점 등에서도 독자녀의 수가 계속 증가하고 있다. 특히 중국 도시의 초중고는 가히 '독자녀 세상'이라고 말할 수 있다.

중국 내에서 아직까지 경제 · 사회 · 문화 · 교육면에서 독자녀들에 관한 사회학자들의 연구 분석이 이루어지지 않은 상태에서, 독자녀들이 청소년기를 거쳐 이미 사회에 진출하고 있다는 사실은 중국사회에 강렬한 반응을 불러 일으켰다.

얼마 전 중국 청소년연구센터와 중국 청소년발전기금회에서는 대대적으로 "도시 독자녀의 인격발전과 교육"이라는 연구조사를 벌였는데, 연구결과에 의하면 독자녀 1세대는 다음과 같은 장·단점을 지니고 있는 것으로 밝혀졌다.

독자녀 1세대들이 가지고 있는 장점으로는 첫째 우정을 중시하고 동정심이 많다는 것이다. 독자녀 60%가 친구사귀기를 좋아하고, 84%가 불행한 사람들을 동정하고 잘 돕는다. 둘째 71%의 아이들이 자신을 책임질 줄 알고, 자신의 미래에 대해 희망적이다. 셋째 비교적 양호한 사회도덕성을 지니고 있다. 절반 이상의 아이들이 효도와 예의를 중시하고 규율 준수를 강조한다. 넷째 자아실현 욕구가 비교적 높아, 장차 국가를 위한 공헌·신사업 창조 등에 학습동기의 66%를 부여하고 있다. 다섯째 모든 일에 관심이 많고, 취미가 다양하다는 사실이다.

단점으로는 첫째 독자녀중 상당수가 기대성취가 낮고, 비교적 강한 공격성을 가지고 있다. 그들은 공개적으로 남을 비판하고 보복하며 쉽게 화를 낸다. 둘째 일부 독자녀들은 자아실현상 장애가 있다. 38.7%가 학습상의 불만을 느끼고 있고, 15%가 자신의 성격·건강·용모 및 외형에 대한 불만을 느끼고 있다. 셋째 창조성·독립성·근검정신이 부족하다. 조사결과 31%가 "학습노력 부족"으로, 20.4%가 "자주성 부족"으로, 34.3%가 "담력부족"으로 드러났다. 넷째 학습동기가 비교적 낮아 3할 정도만이 "항상 학습에 흥미를 느낀다"고 말했다.

독자녀들은 공통적으로 고독감에 빠지면서 한결같이 깊은 우정을 갈구한다. 부모들의 커다란 관심에도 불구하고 자신들은 결코 행복하지 않다고 느낀다. 그 이유는 "부모님은 학업성적에만 관심이 있다"·"우리가 하고 싶은 일을 항상 못하게 막는다"·"종종 내 비밀을 엿본다"·"자주 매를 때린다"는 생각 때문이다.

독자녀들은 형제자매가 있는 앞 세대에 비하여 훨씬 총명하고 독립적이며 자신감에 차 있고 가치지향적인 면에서 시장경제와 일치한다. 현재 중국사회는 일찍이 경험해보지 못한 전혀 새롭고 흥미로운 사회현상을 맞이하고 있는 것이다.

"9>5+4" 학제개편 부분적 실시

중국 상하이(上海) 교육위원회는 얼마 전 상문(尙文)학교에서 개최된 "상하이 9년제 학교교육 연구발표회"에서, 그동안 시행해 온 9년제 교육과정이 장기계획 · 체계적인 관리 · 전체 교과과정의 정리 · 통합과정을 거쳐 이제는 정상궤도에 진입했다고 발표했다.

초등학교와 중학교 교육과정의 연결은 해당학교에 독특한 교육발전을 가져왔고, 우수한 교육재원의 확보와 학교경영의 효율화 차원에서 "9>5+4" 학제는 이미 상당한 실효를 거두고 있는 것으로 나타났다. 또한 이 학제는 학생들의 과중한 수업부담을 줄여주는 반면, 학생들의 개성과 특기는 최대한 살리는 방향으로 학교발전 방침을 세워나가고 있다.

현재 상하이시에 9년 학제를 실시하고 있는 학교는 이미 74개교를 넘어섰다. 상문학교는 9년제를 단순히 초등학교 5년에 중학교 4년을 결합시킨 학제로 보지 않고, 교과과정의 통합과 우수교과목에 대한 시험과정 등을 통하여 "9>5+4" 학제의 예상목표를 확실하게 달성했다.

본래 상문학교는 1994년 7월, 상문중학교와 다른 두 개의 초등학교가 상호 결합하여 탄생한 학교이다. 지금까지 상하이시에서 시행해 온 교재의 다양화 원칙에 따라, 일부 초등학교와 중학교 그리고 고등학교에서 사용하는 교재가 각각 판본이 달라 교과과정상 체계성과 연속성이 결여되는 결과를 초래하기도 했다. 중학교 입학 시험 면제는 입학 후 곧바로 학생들의 학업부담으로 이어졌고, 초등학교 입학 직후와 중 3년 때 학업부담의 스트레스가 더욱 가중되는 현상이 나타났다.

이런 폐단을 극복하기 위해 상문학교는 우선 교과목수를 더 이상 늘리지 않는다는 원칙 하에 8학년의 컴퓨터과목을 6학년으로 옮겼고, 약간의 여유가 있는 5, 6학년 교과과정 속에 학습방법 · 건축모형 · 바둑 · 타자 · 영어회화 · 기악 등의 교과목을 차례로 개설했다. 동시에 학교당국은 새로운 학제에 맞추어 교과과정을 통합하고, 상호 관련성이 많은 교재들을 편찬했다.

한편 학교당국은 고학년 교사들로 하여금 반드시 초등학교 교재와 표준 교과과정을 깊이 연구하여, 매 학기마다 최소한 5차례씩 중 · 저학년 수업을 참관하도록 했다. 수업진행은 좀 더 개방적으로, 시험문제는 실제생활과 밀접한 문제를 많이 출제하도록 했고, 학생들로 하여금 일치와 불일치에 대한 사유, 집중과 이완의 사유, 논리적 사유와 직관적 사유 등을 유기적으로 반복 · 연습하여 창조적 능력을 기르도록 했다. 매 수업시간마다 학생들을 정해진 교과수준에 도달시키기 위해, 교사들은 수업시간중 마지막 10분을 할애하여 중간수준 이하의 학생들이 수업시간에 과제물을 해결하게 함으로써 학습상의 문제점을 극복하도록 했다.

상문학교의 이러한 교육개혁은 전반적으로 학생들의 소질을 향상시키는데 크게 공헌했다. 최근 2년 동안 전국 대도시에서 개최한 각종 경시대회에서 입상한 학생수가 거의 2백여 명에 달했고, 중 3학년들의 졸업고사 성적도 전국 상위를 기록했다. 상급학교에 진학한 이 학교 출신들은 여러 중점학교에서 대부분 상위 성적을 받고 있다는 소식이다.

거대한 정기간행물 시장

최근 들어 중국 대도시에서 발행한 각종 정기간행물이 주제의 다양화 추세에 힘입어 두드러진 발전상을 보이고 있다. 지금까지 중국의 정간물 구독은 우체국을 통해서만 이루어지다가 차츰 길가의 노점상, 나아가 기차역과 버스역 등지로 확산되었고, 요즘은 주민들이 거주하는 지역 내의 소규모 서점들과 시내 곳곳에 세워진 신문 · 잡지 판매 코너로까지 확산되고 있다.

얼마 전에 폐막된 제11회 전국도서전시회에서 대회조직위원회는 처음으로 전문적인 "정기간행물관"을 개설하여 수백 종에 이르는 전국의 정간물들을 한자리에 모아 전시함으로써 관람객들의 많은 주목을 받았다. 또한 시장경제에 익숙한 일부 정간물 출판사들이 자사에서 발행하는 정간물을 선전하기 위해 현란한 광고를 실시함으로써, 이 코너는 행사기간 내내 사람들의 발길이 끊이지 않았다.

국가신문출판부에서 최근 실시한 중국국내 신문잡지에 관한 통계에 따르면, 현재 중국국내에서 발행되는 각종 정간물중 발행부수가 백만 부 이상을 기록하고 있는 것은 모두 26종으로 집계되었다. 이중에는 역대 대표적인 정간물인 <반월담>(신화사통신사에서 연간 478만부 발행, 중국 국내순위 1위) · <고사회> · <독자> · <가정> · <시

사>·<청년다이제스트> 외에 베이징의 <증권시장주간>이 처음으로 26종 안에 진입했다.

이 같은 현상은 지금까지 주로 문학 관련 잡지류가 지배했던 시대가 지나가고, 다이제스트나 사회현실을 다루는 시사성 정간물 시대가 오고 있음을 의미한다. 정간물의 종류도 매우 다양해져 신문류·재경류·컴퓨터와 인터넷류·여행 레져류·생태지리류·패션유행류·과학류 등이 출판시장 전면에 등장했다.

오늘날 중국 정간물의 총 발행량은 이미 1978년도의 930종을 크게 넘어 7,999종을 기록하고 있다. 이점은 비록 우리에게 향후 중국 정간물시장의 거대한 발전가능성을 시사해주지만, 중요한 것은 이처럼 방대한 정간물중에 진정한 시장경쟁력을 갖춘 것은 전체의 삼분지 일도 안 된다는 사실이다. 즉 매호마다 10만부 이상을 발행하는 정간물은 겨우 5백종에 불과하고, 나머지 수 천 종은 지출금에 의지한 채 겨우 명맥만 유지하고 있다.

다른 통계에 의하면 중국의 연간 정간물 발행량은 약 25억 부 정도로 연간 개인 평균 2권 정도를 구독하는 것으로 나타났는데, 이는 서방선진국들의 7 내지 8권, 일본인의 10 내지 15권에 크게 미치지 못한다.

이런 의미에서 중국 정간물 시장의 발전 잠재력은 매우 크지만, 지금처럼 발육부진 단계에서부터 벌써 포화상태에 처한 현실을 두고 전문가들은 시급히 존속시킬 정간물과 폐간할 정간물을 결정해야 한다고 지적한다.

현실적으로 중국에서의 정간물 창간은 결코 쉽지 않아 창간 후에 일단 제호가 나가게 되면 시장성과 상관없이 쉽게 포기할 수가 없는데 이는 커다란 자원손실로 이어진다.

참고로 미국은 매년 평균 350여종의 정간물이 창간되지만 생존에 성공한 것은 겨우 10%에 불과하며, 매년 창간된 10종의 신간중 4년 이상 존속한 것은 2종 밖에 안된다. 이제 중국의 정간물 시장도 험난한 시장경쟁을 거쳐야만 비로소 그 발전가능성이 보장될 것이다.

교육비 투자 급증

세계 최대의 인구대국인 중국이 지난 1980년대부터 '한 가정 한 자녀' 갖기 운동을 전개한 이래, 중국의 젊은 부모들은 하나밖에 없는 자녀의 교육을 위해 수입의 대부분을 교육비에 투자하고 있다. 더욱이 20여 년 동안 지속된 개혁·개방정책에 따라 각 가정마다 경제적인 풍요 속에 "어린 황제"를 위한 지출이 계속 증가하고 있다.

상하이시 통계국 산하 市사회경제조사팀이 최근 실시한 조사결과에 따르면, 초등학생의 월평균 순수교육비는 123위안이며 초등학교 6년 동안에 소요되는 최소한의 교육비는 총 8,899위안인 것으로 나타났다. 또한 중학생의 월평균 교육비는 220위안으로, 중학교 6년(우리의 중, 고교 과정에 해당)동안에 총 15,843위안이 필요한 것으로 집계되었다.

하지만 이 통계 속에는 각종 명목의 기부금과 학생들의 간식비·점심비 등이 포함되지 않았다. 만일 아이를 더 좋은 유치원, 초등학교, 중학교에 보내려면 학부모는 별도로 기부금을 내야 하는데, 유치원의 평균 기부금은 2,855위안, 초등학교는 4,803위안, 중학교는 6,012위안으로 모두 합하여 13,670위안이 소요된다.

오늘날 웬만한 중국가정에서는 아이를 위해 기본적으로 컴퓨터를 갖추고 있는데, 현재 컴퓨터를 구비한 가정은 14%에 불과하지만, 올해 안에 11%가 컴퓨터를 마련할 계획이다. 참고로 프린터가 포함된 컴퓨터 한 대의 가격은 약 8천 위안 가량이다.

상하이 시민들의 아이를 위한 교육투자는 유치원 때부터 이미 시작된다. 조사에 따르면 26%의 유치원생 학부모들이 자신들의 아이가 유치원에서 특별히 개설한 피아노 · 회화 · 서예 · 외국어 등의 교습반에서 학습하기를 바라고 있고(평균 소요비용 36위안), 20%의 학부모들이 가정교사 초빙에 매달 142위안씩을 지출하고 있다.

초등학생과 중학생도 과외교습과 가정교사 초빙에 대한 지출이 계속 증가하고 있다. 초등학생의 월평균 교육비중 보충수업비 · 가정교사 초빙비 · 과외활동비가 차지하는 비중은 약 21%이고, 중학생의 경우는 약 32%에 달한다. 중학생이 매월 보충수업비에 들어가는 비용은 초등학생보다 19위안이 더 많고, 중학생의 가정교사 초빙비용은 초등학생보다 86위안이 더 많은데 이는 초등학생의 1.1배에 해당한다.

특기할만한 사실은 전문학교와 직업기술학교 학생중 3할 정도가 과외활동에 일인당 평균 74위안을 지출하고 있다는 사실이다. 이 같은 현상은 이들 학생들이 자신들의 학력수준과 학교 내에서 습득한 지식에만 의존하지 않고, 과외교습을 통하여 졸업 후 치열한 취업 경쟁에 대비하려는 움직임으로 해석된다.

한편 9할 가량의 상하이 시민들은 자비로 입학한 대학학비가 지나치게 높지 않기를 바라면서, 매년 1만 위안 이하의 학비라면 기꺼이 수용하겠다는 입장이다. 연소득 십만 원 이상의 고소득층 가정에서 자녀의 매 학년 학비중 2만 원 이하, 5만 원 이하, 5만 원 이상의 학비를 수용하겠다는 가정이 각각 3분지 1씩을 차지했다.

이는 상하이의 고소득층이 자녀의 미래는 부모의 금전적인 배경에 있는 것이 아니라 학생들의 교육성취도 여하에 달려있다고 인식함을 의미한다.

외국어통역 자격시험 날로 인기

최근 중국사회에 외국어학습 열기가 날로 고조됨에 따라 외국어 통역 자격시험이 중국 젊은이들의 커다란 관심사가 되고 있다. 중국의 인력시장에서 외국어 통역자격증을 일명 "황금 자격증"이라 부르는데서 알 수 있듯이, 외국어 통역능력은 이미 현대 중국인들이 반드시 구비해야할 덕목중의 하나가 되었다.

예를 들어 얼마 전에 실시된 상하이(上海)시 외국어통역 자격시험 중에서 중, 고급 영어통역시험에 참가한 사람이 4천여 명에 달했는데, 이는 1997년에 비해 2.8배나 증가한 것이다. 응시자는 과거에 비해 학력이 높아지고 연령이 낮아지는 추세가 두드러졌는데, 대졸이상자가 89%를 차지했고 29세 이하자는 92%에 달했다. 또한 대학에 재학 중인 자가 60% 이상이 되었는데, 그중 여학생이 65%를 차지했다.

현재 중국의 외국어통역 자격시험은 영어와 일어 두 종류가 있는데 영어시험은 중·고급 두 단계가 있다. 중급통역반 수강생은 영어 4급 수준을 갖추어야 하고, 고급통역반 수강생은 영어 6급 수준을 갖추어야 한다. 일어통역반 수강생은 일어국제등급 2급 이상을 갖추어야 한다.

현재 전국적으로 매년 외국어 4, 6급 시험에 참가한 사람은 이미

10만 명을 넘어섰으나, 일반 외국어 등급시험은 회화테스트가 없기 때문에 응시자들의 회화능력을 객관적으로 평가하기는 곤란하다. 그러므로 비록 4, 6급 시험 통과자의 발음이 정확하고 어감이나 어조의 표현이 훌륭하다고 해도, 언어구사 능력이 부족하여 종종 우물 안 개구리 수준을 벗어나지 못한다.

이런 점을 해결하기 위하여 각 대학에서 특별히 초빙된 영어통역반의 우수 교사들은 무엇보다도 수강생들의 외국어 응용능력과 실용성을 중시한다. 외국어통역시험이 주로 듣기 · 말하기 · 독해 · 번역(필기번역과 구두통역을 포함) 등 네 방면으로 나뉘어져 수험생들의 언어응용능력을 종합적으로 평가하기 때문에, 통역반 수강생들은 240시간의 수업과정을 통하여 청취력 · 번역 · 강독 · 회화 · 통역 등 5개 영역을 반드시 마스터해야만 한다.

중국의 외국어통역 자격시험의 목적은 수강생의 어학능력을 배양하여 생활통역 · 여행가이드 · 외빈접대 · 대외무역 상담에 필요한 중급통역인과, 중요한 담판책임 · 문화교류 · 고위급회담 · 국제회의 등에 필요한 고급통역인을 배양하기 위한 것이다. 이에 따라 영어통역반 수강생중에는 모 회사의 나이든 임직원과 기업의 중책을 맡고 있는 화이트칼라들, 대학생과 퇴직노동자, 영어권출신의 화교 등 다양한 계층들이 있다. 한편 통역반의 초기 수강생들이 대부분 화이트칼라들이었으나 요즘은 대학생들이 갈수록 많아지고 있는데 그중에서도 대학 1, 2학년생들이 대부분을 차지한다.

이처럼 요즘 중국에서는 자신의 필요성에 의해서 또는 자기만족과 자신만의 어학적 재능개발을 위한 목적으로 외국어학습 열기가 날로 고조되고 있다.

가정폭력 감소 추세

상하이(上海)시 소속 부녀연맹은 최근 상하이시를 중심으로 가정폭력현상을 조사했다. 주로 민원사건 처리를 통해 이루어진 이번 조사결과, 가정폭력 고소사건이 지난 1995년 34%에서 1997년에는 21.5%로 줄어들었고 2000년에는 겨우 11.06%를 차지하는 등 지난 5년 사이 10.45%나 감소한 것으로 나타났다.

5,828건의 가정폭력을 중심으로 진행된 이번 조사결과에 따르면, 현대중국 사회의 가정폭력의 원인은 주로 다음 세 가지 요인에서 비롯되었다. 먼저 부부중 어느 한쪽이 외도를 한 경우인데, 이는 전체의 31.8%를 차지했다. 다음으로 부부중 어느 한사람이 실직으로 인해 가정수입이 감소되자 경제적 어려움이 가중되어 야기된 가정폭력이 22.6%를 차지했다. 마지막으로 부부중 한명이 마약을 했거나 도박 혹은 알코올 중독으로 인한 가정폭력사건인데 전체의 13%를 차지했다.

조사결과 가정폭력을 행사한 사람들 대부분이 교육수준이 비교적 낮은 것으로 나타났는데, 고교 이하의 학력을 소지한 자들이 무려 96.6%나 되었다.

한편 가정폭력을 행사한 사람들의 사회적 적응력도 상대적으로 매우 낮았다. 예를 들어 한 가정에서 부인이 실직하면 남편은 처음에 부인에게 앞으로는 가사만을 돌보고 재취업은 절대하지 말라고 위로한다. 하지만 시간이 지남에 따라 경제적 능력이 없는 부인은 가정내에서 자신의 지위를 상실하게 되고, 남편도 서서히 부인을 향해 불평불만을 터뜨리고 화를 내다가 마침내 처갓집 식구들조차 무시하기에 이른다.

어떤 사람은 밖에서 도박으로 돈을 잃거나 주식값이 떨어지면 집에 돌아와 부인에게 노골적으로 욕설을 퍼붓기도 하고, 어떤 사람은 자신이 실직한 후 부인이 여전히 직장 일을 잘해 나가면 사사건건 트집을 찾아 자신의 초라한 자존심을 회복하려고 애쓴다.

주의할만한 일은 현재 중국사회에서 가정폭력을 행사한 사람 중 직장이 있는 사람이 53%를 차지한다는 사실이다. 이는 과거보다 그 비율이 매우 증가한 것이다. 이러한 원인은 주로 과거 "직장단위"에서 일하던 사람들이 일반 "사회인"으로 변해가는 과정 중에서 이들에 대한 직장단위의 구속력이 사회와 가정 모두에서 갈수록 약해지기 때문이다.

사회가 급변함에 따라 일의 템포도 갈수록 빨라지고 많은 사람들이 직장과 사회에서 심한 스트레스를 받게 되자, 귀가후 이러한 불만들이 폭발하여 부부사이의 말싸움이 급기야 손찌검으로까지 발전하는 등 가정폭력의 정도가 갈수록 심해지고 있다.

흥미로운 사실은 과거 "남존여비(男尊女卑)"시대에는 부인이 주로 가정폭력의 대상이 되었지만, 지금은 적지 않은 중국남성들이 가정폭력의 대상이 되고 있다. 중국여성들은 부녀연맹이나 파출소 등을 찾아가 울면서 자신의 억울함을 호소할 수도 있지만, 중국남성들은 부인에게 구타를 당하고서도 체면상 밖에 나가 말도 못 꺼내는 현상이 오늘날 중국가정의 또 다른 일면이기도 하다.

제3차 외국어학습 열기 고조

중국 대도시가 국제화로 나아가면서 대도시의 외국어학습 열기도 갈수록 높아지고 있다. 과거 개혁·개방 초기에 "외국어학습 계몽" 단계를 거쳐 1980년대 중반과 말기에 출국을 위한 외국어 바람이 몰아친 후, 이번에는 순수하게 자기발전을 위해 외국어를 배우는 "제3차 외국어학습 물결"이 일어나고 있는 것이다.

개혁·개방 이후 상하이인들의 외국어학습 열기는 주로 다음과 같은 세 가지 특징을 가진다.

첫째 영어학습자의 저령화 현상과 평생 영어등급시험에 관한 높은 관심도이다. 대학영어 4, 6급용 시험교재의 판매량이 꾸준히 증가하고 있고, 현대 중국사회가 갈수록 영어회화 능력이 뛰어난 인재를 크게 요구하고 있다. 고급회화와 실용영어 및 영어와 떨어질 수 없는 MBA과정, 인터넷기술 등은 현대 중국인들이 자신들을 재교육하고 있는 주요 요인들이다.

둘째 영어와 일어를 제외한 독일어·프랑스어 등의 외국어 관련 서적들의 판매량이 꾸준히 증가하고 있다. 이 같은 이유는 상하이시의 눈부신 경제발전 및 유럽지역과의 무역거래가 날로 증가하여, 해당지역의 언어를 학습하는 사람들이 계속 늘어나고 있기 때문이다. 특히 스페인어·이태리어·아랍어 등의 전공자가 취업전

선에서 영어나 일어 전공자에 비해 뚜렷이 우위를 점하고 있어, 시세에 민감한 상하이인들이 자연스럽게 시장요구에 부응한 언어들을 학습하고 있다.

셋째 외국어 교재물이 거의 국제수준을 좇아가고 있다. 외국도서 중 과거 명작들이 태반을 차지하던 현상에서 벗어나, 경제·사회·문학의 각 영역의 최신 도서들이 상하이(上海) 외국어 독서가들의 선택대상이 되고 있다. 비록 외국원서의 가격이 중역본에 비해 5-10배가 비싸지만, 그 시효성과 작품의 원래 맛을 그대로 간직하고 있기 때문에 소비자와 독자들의 환영을 받고 있다. 컴퓨터·경제관리·법률 등에 관한 서양의 신간도서의 원작도, 외국기업에 종사하는 사람들과 섭외활동을 하는 사람들이 여가나 주말을 이용하여 즐겨 읽는 대상이 되었다.

상하이 외국서점의 판매액은 15년 사이 20배나 증가되었다. 1985년의 2,168만 위안(元)에서 1998년에서 1999년 사이 2.2억 위안으로 급증했는데, 그중 외국도서 판매액이 50% 이상을 점유하고 있다. 이처럼 외국어 관련 도서의 판매량이 급증하고 있는 배경에는 상하이 시민들 특유의 높은 학습열기도 큰 비중을 차지하고 있다.

"아동 경서강독반"에 대해 의견분분

요즘 중국에서는 3살에서 13살 사이의 아동들에게 아이들이 이해하기 조차 힘든 고문들로 씌어진 ≪논어≫·≪맹자≫·≪시경≫ 등의 중국고전 경서와 셰익스피어의 영문시 등을 암송하게 하는 "현대식 서당교육"에 대해 각계의 의견이 분분하다.

난징(南京)교육대학 중문과의 샤페이원(夏培文) 교수와 난징경제대학의 후리쩡(胡理增) 교수가 주도하는 경서강독반(經書講讀班)은 현재 중국 각지에서 많은 사람들의 관심을 끌고 있다. 모두 3개 반으로 구성된 경서강독반은 각 반에 3세부터 13세에 해당하는 60여명의 학생들로 구성되어 있다. 학생들은 한 달 동안의 교육을 끝낸 후 외부인들을 초청하여 학습성과 발표회를 가졌는데, 어린애들이 거침없이 ≪삼자경(三字經)≫과 ≪대학(大學)≫ 등을 줄줄 외우자 참석자들은 모두 찬탄을 금치 못했다.

전문가에 의하면 인간의 기억력은 0세부터 발달하기 시작하여 1세부터 3세까지 눈에 띄게 발달을 하고, 3세부터 6세까지 매우 빠르게 발달하다가, 6세부터 13세까지가 최고조에 이른다고 한다. 기억력 발달이 최고조에 이른 13세 이후에는 기껏해야 이전의 최고 수준을 유지하려는 과정에 불과하다는 말이다.

샤교수에 따르면 문학예술 계통의 지식은 과학기술 계통의 지식들과 달리, 어려서부터 문학예술에 관한 지식을 꾸준히 쌓아가면 언젠가는 적당한 시기에 이르러 홀연히 사물의 이치를 깨우치게 되는데 이것이 바로 아동경전교육의 커다란 의의라고 말한다.

아동들의 경전암송 교육은 "소(牛)의 되새김 운동"과 비유된다. 즉 네 개의 위(胃)를 가진 소가 여물을 많이 먹은 후 서서히 "반추(反芻)"운동을 하는 것처럼, 암기력 좋은 아동들의 경전암송 교육은 그 이로움이 평생 동안 지속된다는 주장이다.

사실 따지고 보면 과거 1920, 30년대의 중국의 저명한 학자들은 인문학에서건 자연과학에서건 모두 사숙(私塾)교육을 받은 경험이 있었고, 중국 전통문화에 대한 이해도 매우 체계적이고 심오했다. 아동 경서강독반을 주도하고 있는 두 교수는 아동들의 고대명문 암송이 아이들의 인격완성에도 많은 도움이 된다고 역설한다.

한 4살 된 아이는 어려서부터 "소황제(小皇帝)"로 너무 곱게 자라다가 이 교육을 받은 후 태도가 일변하여 집에서 음식을 먹을 때도 할머니에게 먼저 권하게 되었는데, 이것은 공융(孔融—建安七子 중의 하나)이며 네 살이 되어 (먹는)배를 양보할 줄 알았다(融四歲, 能讓梨)"는 경구를 암송했기 때문이다. 또 다른 아이는 원래 학습의욕이 매우 낮았는데, "어려서 노력하지 않으면 늙어 공연히 상심하리(少小不努力, 老大徒傷悲)"라는 뜻을 이해한 후 이런 문제가 저절로 해결되었다. 부모가 서로 말다툼을 벌이다가 아이가 옆에서 "가화만사성(家和萬事成)"을 말하면, 부모는 부끄러운 나머지 싸움을 즉시 멈추게 된다.

하지만 중국 교육대학의 일부 교수들은 이런 교육에 대해 매우 비판적이다. 아동교육은 흥미유발이 최우선인데 고대문화경전 암송교육은 우선 아동들이 이해하기 어렵고 흥미도 낮으며 쏟은 공력에 비해 암송효과가 너무 적다고 지적한다.

“경서강독반” 교육은 한번쯤 시도해볼 만한 좋은 교육방법이지만, 중요한 것은 “무엇을 암송하게 하고, 어떻게 암송시켜야 할 것인가?”에 대한 보다 체계적인 연구를 선행하는 일이다.

가정 내 청소년 사춘기교육 공백상태

자녀들의 사춘기 교육은 가장 먼저 누구의 책임일까? 교육전문가들은 한결같이 부모에게 일차적인 책임이 있다고 지적한다. 부모들은 자연스러운 가정교육을 통해 보다 효과적으로 자녀들의 청소년교육을 실시해야 한다고 말한다.

최근 중국의 한 교육기관에서 가정 내 청소년교육 실태를 알아보기 위해 각 지역의 학부모들과 중·고학생들을 대상으로 연구조사를 실시했다. 결과적으로 현대중국의 가정 내 청소년교육은 극히 취약한 것으로 드러났고, 부모들은 이에 대해 거의 속수무책이었다. 자녀들이 성(性)문제를 제기했을 때 9할 이상의 부모가 "어떻게 대답해야 할지 모른다", "대답을 해야 할지 말아야 할지 모르겠다"는 태도를 보였다.

자녀들의 학업성적은 현재 중국의 부모들이 현재 가장 관심을 갖는 분야이지만, 자녀들의 건강에 대한 관심은 겨우 35.5%에 불과했다. 자녀들이 갖는 청소년기의 곤혹스러움에 대하여도 89% 이상의 부모들이 "자녀들로 하여금 스스로 해결하게 한다"는 태도를 취했다. 결과적으로 성(性)에 관한 지식을 가정으로부터 얻고 있는 청소년들은 겨우 9.5%에 불과했다.

중국 교육대학의 한 교수는 가정 내 청소년교육의 공백원인을 다음과 같이 분석하고 있다. 우선 전통관념 때문에 부모들이 자녀들 앞에서 性문제에 대해 지나치게 엄격한 태도를 취한다는 사실이다. 일반 부모들은 性문제에 대하여 지나치게 언급을 자제해 왔으며, 심지어 성교육이 아이들의 성적 흥분을 유발시켜 자칫 불량한 행동으로 이어질까봐 걱정하기도 한다.

다음으로 부모 자신의 행위가 떳떳치 못하여 자녀들의 모든 자유행동을 무조건적으로 방임하거나 소극적으로 대함으로써 자녀교육에 무능함을 드러낸 경우이다.

마지막으로 부모들의 건강한 성지식의 결여를 들 수 있다. 비록 사춘기교육의 중요성은 인정하면서도 막상 자녀 앞에서 어떻게 입을 열어야할지 어떤 말은 하고 어떤 말은 하지 말아야 할지를 몰라 우물쭈물 모호한 태도를 취함으로써, 자녀들에게 性에 대해 더욱 커다란 궁금증과 혼란을 야기한다.

최근 중국 각급 학교의 사춘기교육은 교재내용과 교수방법상 매우 효과적인 방법을 취하고 있다. 그러나 사회대중문화와 대중매체를 통해 성에 관한 정보가 넘쳐남에 따라, 청소년들의 사춘기 교육은 더 이상 학교교육에만 의지할 수 없게 되었다.

교육전문가들은 자녀들이 가정에서 어려서부터 부모에게 자연스러운 "성계몽"교육을 받는 것이 무엇보다 중요하다고 말한다. 이런 성교육이야말로 자녀들에게 가장 안전하고 가장 실질적인 성교육이 될 수 있다고 강조한다.

중국 박사지도교수, 뒤늦은 박사과정 이수

중국은 지난 6, 70년대 '문화대혁명'이라는 인류대재앙을 겪으면서 사회 각 분야에서 역사적 문화적인 단절을 맛보아야 했다. 특히 교육 분야에서는 십년 동안 정상적인 학사 일정이 중단되고, 석사와 박사학위제도가 폐지되는 등 국가인재 양성에 커다란 차질을 가져왔다.

그 후 1980년대 중국사회의 개혁 · 개방에 따라 학위제도가 다시 부활되었으나, 그동안 우수한 연구실적으로 국내외 학계에서 뛰어난 학문적인 명성을 이룬 대부분의 학자들이 지금까지 학위가 없다. 이에 중국정부는 학위가 없는 일부 저명한 교수들에게 특별히 박사지도교수 자격을 부여함으로써, 소위 학위가 없는 지도교수가 박사연구생을 지도하는 기현상들이 나타났다.

예를 들어 중국사회과학원 문학연구소 소장이며 박사지도교수인 금년 55세의 양이(楊義) 교수는 박사학위가 없는 교수신분으로 이미 여러 명의 박사제자들을 배출한 상태이다. 그가 일찍이 저술한 <중국현대소설사>는 베이징대의 저명한 왕야오(王瑤) 교수와 첸중수(錢鍾書)에 의해 극찬된 바 있는데, 이런 유명한 박사지도교수가 조만간 우한(武漢)대학에서 중국 최초로 문학박사 학위를 취득할 예정이다.

양이 교수는 자신이 박사학위를 취득하려는 이유는 결코 일신상의 명리를 위한 것이 아니라고 해명한다. 그 이유는 첫째 자신은 현행 학술제도를 존중하며, 박사학위는 창조력을 지닌 사람들에게만 주어져야 학술제도가 건전하게 발전할 수 있다는 믿음 때문이다. 실제로 1980년대 초에 중국대학을 졸업한 학자들은 대부분 박사학위가 없기 때문에, 대학에서는 그들에게 박사학위 취득을 적극 권장하고 있다.

둘째 학술연구는 한계가 없는 것으로 현재 박사지도교수는 학술계의 종착역을 의미하는 것이 아니라, 일종의 학문적인 새로운 출발점이라고 보기 때문이다.

셋째 박사지도교수가 다시 박사생이 된다는 것은 인생에 있어서 매우 드문 경험으로, 만일 박사지도교수는 절대로 박사연구생이 될 수 없다고 생각한다면, 이는 자신의 학술이 이미 쇠락해가고 있다는 증거이며 학술연구에 대한 무지의 소치라고 조목조목 반박하고 있다.

현재 중국학술계에서 일반 교수들과 일부 박사지도교수가 박사학위과정을 이수하는 것은 이미 새로운 사실이 아니다. 보도에 의하면 양이 교수 전에도 중산(中山)대학 철학과의 두 교수가 박사학위를 취득한 사실이 있고, 작년에는 난징(南京)사범대학 박사과정에도 한 박사지도교수가 입학했다.

중국 대부분의 대학들은 박사지도교수들의 박사과정 입학을 환영하는 분위기다. 우한(武漢)대학 중문과의 런주임은 중국인들의 학위의식이 아직까지 높은 편은 아니지만 최근의 학위중시 현상은 바로 중국사회가 과거와는 달리 지식과 지식인을 존중하는 방향으로 변화하고 있다는 의미라고 해석한다.

반면에 적지 않은 학계인사들은 이런 현상이 현행 학술체제의 폐단을 드러내고 있다고 지적한다. 대부분의 대학들이 교수를 초빙하는데 있어서 학력에만 의지할 뿐 실제 연구수준은 중시하지 않고 있으며, 학위는 직책평가와 월급 대우수준 그리고 연구과제 경비 지원 등의 이익분배와 밀접한 관계가 있는데 이는 중국의 현행 학위제도의 모순이기도 하다는 주장이다.

그럼에도 불구하고 현행 교육제도의 발달에 따라 중국에서는 더 이상 학위가 없으면 대학에 남기가 어렵게 되었다. 어떤 대학에서는 1952년 12월 31일 이후 출생한 교수들이 박사지도교수가 되려면, 반드시 박사학위가 있어야 한다고 규정하고 있다. 이는 오늘날 국제사회에서 "박사지도교수"보다 "박사학위"가 더욱 중요시되고 있는 현실도 크게 작용했다.

현대중국의 의료·환경

대도시 종합위생검사 실시 ‖ 노인보건 종합협력센터 개설 ‖ 중국산 건강보조식품 국내외서 인기 ‖ 홍콩, 국제 중의약센터로 부상 ‖ 중국 OTC(非처방약)제도 시행(1) ‖ 중국 의약분업 실시(2) ‖ 의학계와 법의학계의 의료사고 논쟁 ‖ 중국의 흡연 억제정책 ‖ 상하이(上海) 시민의 건강네트워크 ‖ 중국의 환경위생 전망 ‖ 중국의 야생동물 보호 시급 ‖ 동베이(東北) 야생호랑이의 멸종 위기(1) ‖ 동베이(東北) 야생호랑이의 멸종 위기(2) ‖ 화난(華南) 호랑이의 멸종 위기 ‖ 중국의 "남수북조(南水北調)" 사업 ‖ 중국의 수자원 부족 심각 ‖ 녹색 소비운동의 '새바람' ‖ 세계 최초의 팬더 곰 유전자신분증

대도시 종합위생검사 실시

최근 중국에서는 전국 도시위생검사단에 의해 전국 대도시별로 제4차 도시종합위생검사가 대대적으로 실시됐다. 이 기간동안 각 대도시에서는 시민들의 불편사항을 청취하고 검사의 실효를 거두기 위하여 특별전화를 설치했다. 이에 따라 상하이시도 기존에 설치된 시민고발센터를 통해 시민들의 불편, 불만사항을 꾸준히 접수했다.

과거에 전국 대도시중 위생상, 미관상 그다지 좋은 이미지를 갖지 못했던 상하이시의 공중화장실도, 이제는 면모를 일신하여 상하이시를 특징짓는 명물중의 하나가 되었다. 상하이시의 공중변소는 현재 보통형·고급형·성(星)급으로 나뉘는데, 그중 상하이 인민광장 무승로쪽에 있는 공중화장실은 두 차례의 개조과정을 거쳐 지금은 상하이시에서 둘 밖에 없는 삼성(三星)급 화장실이 되었다.

화장실 내부로 들어가면 중앙에 넓은 실내 공간이 있는데, 그 높이가 7.6미터이다. 전체가 고급 화강암과 고급 유리장식을 하고 있어 마치 어느 호텔에 들어선 느낌이다. 근무하는 여자 복무원도 일반 호텔접대원 같이 상냥하고 교양미를 갖추고 있다. 화장실 내에는 9개의 냉난방용 에어컨 시설, 24개의 배기장치, 34개의 적외선 자동 배수장치 등이 설치되어 있다. 특히 여자화장실에는 얼굴을 다듬을 수 있는 화장실 · 샤워실 · 영아실 등이 있다.

하지만 가장 특색 있는 것은 화장실의 넓은 중앙 벽에 걸려있는 일련의 사진들을 통해서, 중국 고대 화장실의 변화와 발전상을 한눈에 엿볼 수 있다는 사실이다. 이 사진들 속에는 초왕(楚王)무덤에서 출토된 용변 용구와 구덩이, 서한(西漢)시대의 용변 도구들, 청대(淸代) 궁궐의 변기, 1905년 당시의 변기들이 일목요연하게 전시되어 있다. 현장교육의 효과를 중시하는 중국인들은 이런 대중화장실 문화를 통해서도 시민들의 문화소양을 제고시키고 있는 것이다.

한편 화장실 2층에는 현재의 공중화장실과 관련이 있는 세 장의 사진들이 별도로 걸려 있다. 곧 1960년대에는 벽돌구조물에 시멘트를 사용해서 중간 벽만 분리했던 지극히 간단하고 비위생적인 화장실이었다. 1980년대 들어 한차례 개조를 거쳐 바깥 담장에 윤기 나는 반들반들한 벽돌들을 사용하고, 안에는 가로막을 사용한 독립식 변소를 지었는데 당시만 해도 상하이의 최고급 화장실이었다. 그러다가 이번에 다시 현대적 모습으로 새롭게 단장한 것이다.

거리로 나서면 상하이 공중화장실의 변모된 모습을 더욱 쉽게 발견할 수 있다. 먼저 화장실 내부가 전보다 많이 깨끗해졌고, 복무원들의 위생관념과 복무태도도 훨씬 나아졌다. 현재 상하이시의 공중화장실은 모두 1,408개인데 그중 3성급이 2개, 2성급이 19개, 1성급이 30개이다. 나머지 화장실은 다시 고급형과 보통급으로 나뉜다.

스타급화장실은 물론 내부 장식이 호화롭고 서비스가 완벽하지만, 보통화장실도 면모를 일신하여 과거의 더럽고 악취가 나던 현상들이 모두 사라졌다. 밝은 창문과 깨끗한 출입구에 실내도 청결할 뿐만 아니라, 특별히 주민서비스코너를 설치하여 그 속에 비상구급약과 바느질 도구함이 비치되어 있다.

노인보건 종합협력센터 개설

얼마 전 세계보건기구 산하 노인보건 종합협력센터가 상하이시 린펀(臨汾)지역의 한 병원에 개설되었다. 중국의 한 지역병원이 이처럼 세계보건기구의 주목을 끈 것은 이번이 처음 있는 일이다.

린펀병원이 위치한 지역의 60세 이상 된 노인의 수는 그 지역 전체인구의 약 18.94%를 차지하고 있어, 노인보건 사업은 이 병원의 중요한 업무에 속한다. 최근 2년 사이 병원 측은 420만 위안(元)의 거액을 투자하여 말기 암환자와 불치 고령 환자를 수용하고 치료할 수 있는 노인병동을 개축하였다. 조용하고 아늑한 환경 속에 위치한 노인병동 내에는 냉장고·TV·전화 등의 가전용품이 구비되어 있어 환자들이 집안에 있는 것처럼 편안함을 느낄 수 있으며, 가족들은 환자가 좋아하는 음식을 직접 주방에서 요리할 수도 있다.

노인병동에 근무하는 전문의와 간호원들은 모두 노인들의 심리상태와 요구사항을 이해할 수 있는 기본교육을 받은 사람들이다. 임종을 앞둔 노인들은 대부분 심리적 불안상태에 있기 때문에, 의료인들의 심리학적 소양은 노인들의 심리적 소외감을 적절하게 해소시켜 주는데 커다란 도움이 된다.

올해 92세인 한 노인은 귀가 좀 멀었지만 남과 말하기를 매우 좋아하여, 한 젊은 간호원이 항상 그의 곁을 떠나지 않는 "막내 손녀딸"이 되어 주고 있다. 어떤 환자는 자신이 죽은 후 고령의 부인을 돌보아줄 사람이 없을까봐 노심초사하자, 간호원이 그의 딸을 병원으로 불러들여 노인 앞에서 자기 모친을 잘 모시겠다는 다짐을 하고서야 그 환자는 비로소 편안하게 세상을 떠날 수 있었다.

노인병동은 지금까지 870여명의 노인들을 수용하여 치료했는데, 그중 80세 이상 된 고령의 노인환자가 42.8%를 차지하고 있다. 많은 가족들이 자신들의 부모를 이 병원에 보낸 후 항상 병원 의료진들에게 깊은 감사를 표한다.

병원 측은 린펀지역 노인들을 대상으로 여러 가지 보건봉사 활동을 편다. 생활능력이 없는 가난한 노인들에게 지금까지 5천여개의 가정용 병상을 마련해 주었고, 전체 의료진들이 그들의 건강을 책임지고 있다. 생활능력은 있으나 병을 자주 앓는 노인들을 위해, 전체 의료인들이 순회 진료를 통하여 약을 제공하거나 병원 출입을 도와준다. 건강이 좋은 노인들을 대상으로 전문의가 정기적으로 위생 강좌를 열어 건강자문을 해주는 등 노인들의 심리적 불안감을 해소해 준다.

지역 노인들은 도보로 10분이면 병원 측이 운영하는 종합의료서비스센터에 도착하여 각종 의료서비스를 받을 수 있다. 병원 측은 건강한 사람들과 환자들에게 발병 전후의 건강의식 교육을 실시하여, 노인들이 질병을 예방하고 병을 조기 치료할 수 있게 한다.

신체기관의 노쇠화와 각종 만성질환의 증가에 따라 노인들은 장기적 치료와 보호관리가 필요하기 때문에, 병원 측은 비교적 완벽한 지역 종합보호관리 시스템을 갖추었다. 지역 내 간호원들은 모두 무선호출기를 휴대하여 환자들이 찾으면 수시로 방문 치료하는 등 지역보호관리 서비스율은 현재 100%에 이르고 있다.

중국산 건강보조식품 국내외서 인기

남성 성기능 장애를 치료하는 약물 웨이꺼(偉哥)가 일본 시장에 정식으로 진출함에 따라, 발모제·다이어트 보조제·부작용이 적은 우울증치료제 등 종전에 들어보지 못했던 여러 가지 신약들이 속속 시장에 모습을 나타내고 있다. 이런 약물들은 질병치료 외에도 인간의 삶의 질을 높여주는 작용이 있어 사람들은 이를 통칭 "생활개선약"이라 부른다.

수년 전 "생활방식약"이라 불렸던 약물들이 미국시장에서 커다란 관심을 불러일으킨 적이 있었다. 이른바 "생활방식약"은 비록 생명과는 직접적인 관계가 없으나, 삶의 질을 저해하는 각종 병증이나 질병을 개선하는데 커다란 영향력을 미칠 수 있는 약물들이다.

예를 들어 한때 발모제와 "웨이꺼" 이외에 일명 "SSRI"라 불리는 신형 우울증치료제가 "행복을 가져오는 약"으로 인식되어 많이 팔린 적이 있었다. "SSRI"는 사실 일종의 우울증과 관련이 있는 뇌속 화학물질인 혈청소의 작용을 강화시켜 주는 약물인데, 기존의 각종 우울증치료제에 비해 그 부작용이 현저하게 감소되었다. 또한 SSRI는 심신이 피로한 자를 정신적 압박감에서 해방시켜 주고 건강회복에도 적지 않은 도움을 준다.

"생활방식약"은 일본시장에 진출한 후 다시 "생활개선약"으로 불렸는데, 웨이꺼에 이어 일본시장에 상륙한 발모제와 SSRI 등은 일본사람들의 강렬한 구매욕을 자극했다.

근년 들어 일본의 약품시장은 갈수록 위축되어 기업들마다 새로운 시장을 개척하기에 급급한 실정이지만, 새로운 구매 분야를 단시간에 찾는다는 것은 거의 불가능한 실정이다. 그러므로 일본 제약회사들이 국외 제약생산자들과 손을 잡고 "생활개선약"을 판매하는 것은, 국내에 새로운 소비풍조를 만드는데 많은 도움이 될 것이다.

과학기술의 끊임없는 발전에 따라 인간들은 전에 치료방법이 전혀 없던 질병들에 상응하는 약물들을 개발하기 시작했다. 따라서 전에는 줄곧 인내만을 요구하던 병증들에 대하여, 이제는 일종의 질병에 불과하다는 인식을 하게 되었다.

그러나 뜻있는 의학자들은 일부 사람들이 "생활개선약"을 남용하는 현상에 대하여 깊은 우려를 나타내고 있다. 의학자들은 인간들이 생활상태를 개선하기 위해서 때로는 자연에 귀 기울이는 것이 더욱 중요하다고 말한다.

걸핏하면 약물에 의존하는 것은 결국 인간의 모든 생활을 완전히 약물에 의해 제압당하게 되는 것을 의미한다. "생활개선약" 일지라도 반드시 의사의 정확한 진단을 받은 후, 그에 대해 자신의 확신이 섰을 때에야 비로소 복용해야 한다고 말한다. 마지막으로 의학자들은 "생활개선약"의 정의가 그다지 명확하지 않아, 사람들에게 맹목적으로 건강만 추구하는 그릇된 사고를 유발할 수도 있다고 경고하고 있다.

홍콩, 국제 중의약센터로 부상

얼마 전 홍콩 특별행정구는 홍콩 중의약산업의 향후 십 개년 발전계획을 정식으로 공포했다. 아울러 중국내륙 중의약계의 풍부한 인력과 과학기술 자원을 십분 활용하여 내륙의 인재를 끌어들이고, 기초건설과 과학연구 방면에 있어서 조화를 이루어 개인기업의 투자를 적극 장려한다는 계획을 마련했다.

장차 홍콩을 국제중의약센터로 변모시킴과 동시에 홍콩의 경제발전을 촉진시키려는 이러한 계획은 중약산업의 기초발전단계, 전통중약의 현대화단계, 현대중약의 발전단계, 중약 위주의 현대 신약개발단계 등 네 단계로 구성되어 있다.

1990년대 들어 홍콩정부는 홍콩의 경제기초를 강화하고, 지식본위의 21세기형 경제체계를 세우기 위하여 줄곧 새로운 발전영역을 모색해 왔다. 그 결과 중의약산업은 홍콩 미래발전산업의 가장 적합한 산업으로 인식되었다.

자료에 의하면 1997년 전 세계 영양식품시장의 총액은 650억 달러를 기록했는데, 초약(草藥)시장도 계속 발전하여 168억 달러에 달하는 등 매년 두 자리 수의 기록적인 급성장을 보이고 있다. 그러므로 중의약산업의 발전은 의심할 나위 없이 장차 홍콩의 경제발전에 커다란 이익을 가져올 것이다.

지난 1999년 2월 홍콩특별행정구 정부는 법률에 근거한 정부조직이 중의의 조직화와 관리, 중약의 사용과 제조 및 매매 등을 책임질 수 있는≪중의약 조례 초안≫을 입법회에 제출했다.

전문가들은 홍콩의 장점이 바로 우수한 시장 환경과 잘 구비된 과학연구기초에 있다고 주장한다. 특히 중국내륙의 풍부한 중약자원은 미래의 홍콩 중약산업의 가장 견실한 버팀목이 될 것이다.

최근 몇 년 동안 홍콩특별행정구의 꾸준한 노력의 결과, 중약업 방면에서 다음과 같은 진전을 보았다. 첫째 해당 규범관리의 기초를 세웠고, 둘째 관련 기구들을 중약연구 방면으로 통합하였으며, 셋째 중초약의 표준화를 실시하여 믿을만한 품질을 보증하게 되었고, 넷째 중약생산품의 품질검증 방법을 확정하게 되었다.

중국 정부기관의 한 인사는 홍콩의 중약산업은 단기적으로 중약을 원료로 하는 건강식품과 영양보조식품을 발전시켜 국제시장에 진입해야 하고, 장기적으로는 중약을 본위로 하는 우수한 신약을 개발하여 중약생산품의 경쟁력과 이윤을 높여야 한다고 주장한다.

현재 4, 5개의 개인재단에서 홍콩정부에 홍콩중약업 건설사업에 참여하겠다는 의사를 표명하고 있는데, 그중 창장(長江)실업은 내륙과 합작하여 중약생산품을 개발하기로 했고, 홍콩 중문(中文)대학은 내륙의 관련기업들과 홍콩에 중약과학연구센터를 설립하기로 했다고 한다.

중국 OTC(非처방약)제도 시행(1)

최근 중국정부가 ≪비처방약 약물 목록≫을 공포함에 따라 장차 중국전역에서 시행될 처방약과 非처방약 분류관리 제도에 대해 사람들이 깊은 관심을 보이고 있다.

非처방약 OTC(OVER THE COUNTER)이란 의사의 처방이 필요 없이 직접 약국에 가서 살 수 있는 약물을 말하는데, 사용이 안전하고 간편하며 약효와 품질이 뛰어난 반면 가격이 저렴하다는 특징을 가지고 있다.

중국 의료체제개혁의 중요한 분수령이 될 OTC 제도의 시행은 가벼운 환자들의 자가 치료에 획기적인 도움을 줄 수 있고, 약 처방의 엄격한 통제는 환자들의 약물오용을 방지할 것이다. 또한 非처방 약물의 공개는 국민들의 과학적인 약물사용 의식을 제고시키고, 약물자원의 낭비를 막음으로써 국가와 개인의 부담을 경감시켜줄 것이다.

이번에 발표된 "非처방 약물 목록"에 들어간 300여종의 약물 중에 중약이 170여 종을 차지하고 있다. OTC 약품은 약효와 안전성을 가장 중시하기 때문에 발표된 약물은 환자 스스로가 판단할 수 있는 가벼운 병증에 적합하며, 주로 일반 병증을 줄이거나 치유할 수 있는 초기 병증에 사용된다.

중국의 非처방약 시장은 판매액이 1990년 2.5억 달러에서 1994년 10.1억 달러로, 1996년에는 다시 13억 달러로 급증하여 非처방약 시장의 성장률이 세계에서 가장 빠른 나라가 되었다. 나아가 2천년 이후에는 이 부문 판매액이 30억 달러를 넘어서고 년 평균 성장률은 12-18%가 될 전망이다.

OTC는 약품소비에 대한 소비자들의 상식을 중시하기 때문에 전국의 유명한 중약회사들은 대도시의 가두 곳곳에서 순회건강 선전을 통해 시민들의 약물사용의식을 선도하는 한편, 자기 회사에서 생산하는 중약들의 지명도를 높이기 위해 노력하고 있다. 또한 체인판매망을 통해 OTC의 요구에 부응하는 판매망을 구축함과 동시에 시민편리를 제공하고 있다.

최근에 발표된 통계에 의하면, 영국에서만 24.8%가 약물성 질병으로 사망했는데, 이것은 곧 이들의 사망원인이 화학약품의 남용과 오용 때문인 것을 의미한다. 그러나 중국의 저명한 중의학 교수인 엔떠샹은 중약은 화학약품과 달리 천연약물이기 때문에 상대적으로 안전성이 비교적 높다고 말한다.

그럼에도 불구하고 중국은 건국 이래 “공공노동보험 의료제도” 정책에 따라 줄곧 약물분류관리를 시행하지 않았기 때문에, 일반인들이 처방약과 非처방약에 대해 모호한 인식을 가질 수 있다. 동시에 환자들이 맹목적으로 양약이나 비싼 약 혹은 소위 특효약만을 선호할 가능성도 배제할 수 없다.

바야흐로 중국 사회는 예전의 크고 작은 병만 걸리면 무조건 병원으로 향하던 풍조에서, 이제는 “큰 병은 병원으로, 작은 병은 약국으로”라는 새로운 풍조가 시작되고 있다.

중국 의약분업 실시(2)

약제사와 약품판매원들에 대한 소양교육 강조

지난 2000년부터 중국은 처방약과 非처방약(OTC)의 분류관리제도를 시행하고 있다. 이에 따라 스스로 자가진단을 할 수 있는 일반 환자들은 직접 시중의 일반약국에 가서 약품판매원들의 지도하에 非처방약을 구매하여 자가 치료를 할 수 있다.

통계에 의하면 3천여 명의 상하이시민 중 61.6%에 해당하는 사람들이 소소한 병에 걸렸을 때 약국에 가서 직접 약품을 구매하고, 93.1%는 약국판매원들의 복약지시를 크게 받는 것으로 나타났다. 약품에 대한 시민들의 요구도 과거처럼 단순히 약물복용과 용량에만 국한되지 않고, 약물 적응증 · 약물 과민반응 · 복용상의 주의점 등에 대해서도 많은 주의를 기울이고 있다. 하지만 현재 일반약국에 근무하는 판매원들의 지적인 수준과 소양교육 상태는 여전히 문제가 많은 것으로 드러났다.

중국 상하이 소재 한 의과대학의 보고서에 의하면, 상하이시내 각 병원의 약제과에 근무하는 약제사중 약 8할에 가까운 사람들이 중등전문학교(중졸 혹은 고졸자를 대상으로 2년간의 실무교육을 실시하는 교육과정) 출신인 것으로 나타났다. 이에 따라 일반 시중약국에서 근무하는 사람들의 학력은 더욱 낮을 것으로 추측된다.

이번 조사는 상하이시 13개 3급 병원, 34개 2급 병원, 11개 1급 병원의 약제과에 근무하는 사람들을 대상으로 실시되었다. 조사결과 1,375명의 근무자중 본과 이상의 학력소지자는 약 10.89%, 전문대학 졸업자는 9.46%, 중등전문학교 졸업자는 79.65%를 각각 차지했다. 또한 연령상 30세 이하의 근무자는 45.3%였다.

전문가들은 약국 근무자들에 대한 전문지식과 그에 따른 소양교육이 결코 단기간 속성과정을 통해 해결할 수 없다고 지적한다. 이를 위해 현재의 약국 판매원들에게 보다 체계적인 전문지식을 함양시키는 한편, 사회 곳곳에 복약(服藥) 자문센터를 설치하여 경험이 풍부한 의사와 약사 그리고 약학 방면의 고학력자를 상주시켜 소비자를 위해 보다 나은 서비스를 제공해야 한다고 지적한다. 또한 약국마다 컴퓨터 전산망을 구축하고 약품의 구매와 관리, 자가 건강진단 등에 관한 소프트웨어를 설치는 등 소비자들의 편의를 도모해야 한다고 지적했다.

통계에 의하면 현재 중국 전역에는 채 1만 명도 안 되는 약사가 근무하고 있는데, 이는 현재 중국사회가 적어도 10만 명 이상의 약사를 필요로 하는 현실에 비해 턱없이 부족한 숫자이다.

전문가들은 시민들에게 보다 안전하고 체계적인 의료서비스를 제공하기 위해서는, 의약분업제도 실시 후 자질이 우수한 약제사들을 더 많이 양성해야 하고, 동시에 일반약국에 근무하는 약품 판매원들에 대한 소양교육도 강조되어야 한다고 주장한다.

의학계와 법의학계의 의료사고 논쟁

요즘 중국 쓰촨성(四川省)의 한 지방에서 발생한 의료사고 사건을 둘러싸고 사법부는 "사법적 판단"을 최우선으로 삼아 담당의사에게 법적인 책임을 묻는 반면, 의학계에서는 "의료감정"의 원칙을 고수하며 무죄를 주장하고 있어 그 귀추가 주목된다.

중국 최초로 "사법부 감정"이 "의료계 감정"을 부인한 이 "신생아 사망" 사건의 심리는, 지난 1998년 12월 쓰촨성 중강(中江)현 인민법원에서 열렸다. 이 사건의 원고는 중강현 인민검찰원이고, 피고는 의료사고죄의 혐의를 받고 있는 중강현 광복진(廣福鎭)병원의 의사 리룽(李蓉)이다.

사건의 개요는 다음과 같다. 피고 리룽은 지난 1998년 5월 광복진병원에서 산모 장원(姜文)의 쌍둥이 조산아 출산을 담당했는데, 당시 영아(嬰兒)는 체중 미달의 미숙아였다. 리룽은 미숙아가 출생 후 생존하기가 힘들다고 판단되어 산모에게 두 영아를 병원의 변소에 버리도록 했다.

그러나 이튿날에도 두 영아가 여전히 살아있는 것이 발견되자, 당황한 리룽은 뒤늦게 영아들을 중강현에 있는 큰 병원에 보내어 치료를 받게 했다. 하지만 시간이 이미 너무 늦어 두 신생아는 모두 사망했고 리룽은 곧바로 공안당국에 의해 구속 수감되었다.

그 후 이듬해 1월 리룽이 중강현·덕양(德陽)시·쓰촨성 등 세군데 의료사고위원회의 감정결과에 따라 보석으로 풀려나자, 인민검찰원은 지난 7월 화서의과대학소재 법의학 기술감정센터에 의뢰하여 앞선 세군데 의료사고위원회와 전혀 상반된 사법부의 감정서를 제출하였다. 즉 사망한 두 미숙아가 출생 후 생존확률이 매우 낮다고 하는 사실은 비록 영아들의 주요한 사망원인에 해당하나, 출생 후 적시에 특별한 치료행위를 하지 않음으로써 두 영아를 질식사하게 한 것은 그들의 보조적인 사망요인이라고 볼 수 있다는 것이다. 이러한 사법적 판단에 따라 중강현 인민검찰원은 리룽을 의료사고죄 혐의로 고소했다.

이에 대해 리룽의 변호사측은 다음과 같이 반박하고 있다. 1999년 1월 사천성 의료사고 감정위원회의 감정서는 덕양시와 중강현의 두 의료사고 감정위원회의 감정결과에 근거한 것으로, 28주도 채 안된 신생아는 조산이 아니라 유산이며, 영아에 대한 리룽의 조처는 결코 원칙적인 착오가 있는 것이 아니기 때문에 이 사건은 의료사고에 해당되지 않는다.

이런 근거는 "의료사고 처리방법"의 규정에 따른 것으로, 의료사고 감정위원회의 감정은 유일하고 최종적인 법정상의 감정이며 여타 기관에는 이와 유사한 감정을 할 수 있는 권한이 없다는 것이다. 또한 의료사고죄는 반드시 의료사고를 전제로 하는 것이고 의료사고란 반드시 의료사고 감정위원회의 감정을 전제로 하므로, 화서 의과대학에서 제출한 사법적 감정서는 리룽의 행위가 의료사고죄에 해당한다는 것을 충분히 증명할 수가 없다. 결국 리룽의 조치는 의료규정에 완전히 부합되는 것으로 리룽에게는 이 사건에 대한 아무런 법률적 책임이 없다고 주장했다.

한편, 사망한 두 신생아의 부모인 빠이완성(白萬能)과 쟝원은 피고에게 배상금을 바라는 마음은 전혀 없고 다만 법을 통해 리룽같이 직업적 도덕성이 없는 의사를 처벌함으로써, 앞으로 의료계에 종사하는 사람들에게 경종을 울리기 위한 것이라고 말했다.

쓰촨성의 한 고위인사는 현재의 "의료사고 처리법"과 오늘날의 복잡한 현대사회와는 이미 상당한 괴리가 있으므로, 조속한 시일 내에 관련법을 현실에 맞게 개정해야 한다고 지적했다.

중국의 흡연 억제정책

흡연인구 갈수록 저령화 추세

얼마 전에 개최된 <중국흡연과 건강협회> 성립 10주년 기념회의에서 발표된 내용에 의하면, 중국의 흡연인구는 갈수록 저령화 현상을 보이고 있고, 청소년의 흡연율도 거의 5천만 명에 달하는 등 상승 추세에 있다. 또한 20% 이상의 초・중생들이 일찍이 흡연을 경험한 적이 있으며, 그들 중 상당수는 이미 상습적인 흡연자로 나타났다.

조사를 받은 13세 내지 15세에 해당하는 1만 2천명의 초중생중 32.5%의 남학생과 13%의 여학생이 이미 흡연을 경험하여 총 흡연율은 22.5%에 이르렀다. 흡연을 처음 시작한 평균 연령이 겨우 10.7세에 불과했고, 절반 이상의 학생들이 1주일에 적어도 하루는 담배연기가 자욱한 환경 속에서 생활한다고 밝혔다.

흡연학생은 주로 스스로 담배를 구입하거나 혹은 자신보다 나이가 더 많은 선배로부터 담배를 구하고 있는 것으로 나타났다. 비록 중국의 미성년자 범죄예방법에 따라 어떤 영업소에서도 미성년자에게 술과 담배를 판매하는 행위가 금지되어 있으나, 83%의 흡연학생들이 지금까지 나이가 적음으로 인해서 담배를 사지 못한 경우는 없었다고 응답했다. 피조사자중 92%에 가까운 학생들이 흡연이 건강에 해롭다는 점을 인정했음에도 불구하고, 22%의 남학생과 4%의 여학생들이 앞으로도 계속 흡연을 하겠다고 응답했다.

통계에 따르면 중국은 전 세계 최대의 담배 생산국임과 동시에 최대의 담배 소비국이다. 중국의 흡연인구는 63%의 성인 남자와 4%의 여성을 포함하여 전체 숫자가 이미 3억 2천만 명을 넘어섰고, 하루 평균 2천명이 흡연과 관련된 질병으로 사망하고 있다.

중국예방의학과학원 왕원장은 흡연문제는 이미 중국에서 가장 시급히 해결해야 할 공중위생 문제이기 때문에, 정부는 조속한 시일 내에 중국실정에 부합하는 종합적인 흡연억제책을 세워야 한다고 주장한다.

하지만 중국위생부의 한 간부는 중국의 담배생산과 소비가 국민경제와 밀접한 관계가 있기 때문에, 정부의 흡연억제책은 자칫 안정된 사회 환경을 해치고 담배밀수 현상도 유발할 수도 있다고 경고한다.

세계위생기구 서태평양 지역에서 발표한 담배와 인류의 건강계획에 따라, 중국은 20001년 말까지 반드시 정부 차원의 구체적인 흡연억제책을 발표해야 하고, 아울러 2003년 말까지 효과적인 입법과 관련법규를 마련해야만 한다.

현재 3억 2천명의 중국 흡연인구 중 대다수가 청소년 시기부터 흡연을 시작하고 있는 점과 관련해, 전문가들은 흡연을 시작하는 나이가 어리면 어릴수록 향후 습관성 흡연자가 될 확률이 더욱 높아지고, 금연을 할 수 있는 가능성은 상대적으로 더욱 낮아진다고 엄중히 경고한다.

상하이(上海) 시민의 건강네크워크

힘차게 21세기를 향해 달리고 있는 상하이시에 시민건강운동이 바야흐로 한창이다. 사람들의 건강의식이 날로 높아지고 건강운동기구도 크게 향상되어, 전 시민의 건강증진 연결망이 직장단위를 중심으로 퍼지다가 이제는 서서히 가정으로까지 파고들고 있다.

국민 생활수준이 꾸준히 향상됨에 따라 요즘 상하이 시민들도 건강에 부쩍 관심을 보이고 있다. 과거 1980년대에 익히 들어왔던 "풍요로운 삶과 건강한 몸을 위하여"라는 구호는 시대상황이 변함에 따라 이제는 새로운 의미를 지니게 되었다.

1995년 중국국무원이 "전 국민 건강계획 요강"을 발표하자, 상하이시는 즉각 시민건강을 상하이시 주요정책에 포함시켜 시와 각 縣에 시민건강 지도위원회를 설치했다.

몇 년간의 적극적인 노력 끝에 상하이시에는 이미 1천 개 이상의 건강지도센터가 세워졌고, 8천여 명의 사회체육지도자가 각 지도센터에서 활발한 활동을 벌이고 있다. 수시로 신체단련에 참여하는 노인들 수만 133만 명이 넘어 섰는데, 이는 시 전체 노인수의 절반 이상을 차지한다.

이에 힘입어 상하이시의 98% 이상의 학생들이 체력검정시험에 참가하여 9할 이상의 높은 합격률을 보였다. 성인들의 체질도 눈에 띄게 향상되어 검사 결과 양호판정을 받은 사람이 4할을 넘어섰고, 나머지 4할 이상이 체력검정에서 합격수준에 도달하여 전체 합격률이 전국의 평균치를 훨씬 상회한다.

직장단위는 전 시민 건강운동의 중요한 거점인데, 이는 상하이시의 건강운동이 빠르게 발전하게 된 뚜렷한 특징 중의 하나이다. “운동장을 바로 내 몸 가까이” 라는 바람이 서서히 현실화되고 있는 것이다.

중국 체육총국이 전 국민 건강운동 제1기 제3단계 사업에서 “체력단련 장소와 센터결성을 가까운 곳에서 해결하고, 바로 그 곳에서 체육활동을 벌이자” 라는 계획을 발표한 후, 상하이시시는 이미 건립했던 21개 직장단위의 체력단련 시설위에 다시 22개의 직장단위 체력단련 시설과 900개의 주민 체력단련장소 건립계획을 시의 공식사업안에 포함시켰다.

최근 상하이시시는 직장단위 체력단련 운동기구 입찰을 벌였는데, 앞으로는 관련 업체들의 건강운동기구 전시회를 개최하여 시민들의 품평을 통해 우수한 제품을 구매할 예정이다.

시민들의 건강의식도 좋아져서 건강은 이제 생활의 질을 높이는 “최고의 기준”이 되었다. 이에 따라 체육행정도 점차 정부기관이 조직화하던 과거의 방식에서 탈피하여 시민들이 직접 참여하는 방식으로 바뀌었다.

예를 들어 작년에 거행된 직장단위별 건강경시대회에서 각 직장별로 시민체육활동이 벌어졌는데, 그 결과 시의 52개 지역에서(전 시의 절반을 차지한다) 단체를 결성하여 참가했다. 그들은 단체를 조직함과 동시에 적극 참여하기도 했는데, 이처럼 시민들이 자원하여 경기에 직접 참가하는 체육활동은 강력한 생명력을 갖기 마련이다.

중국의 환경 · 위생 전쟁

중국은 매년 여름 "쌍고(雙高)"의 계절을 맞이하여 환경 · 위생 전쟁을 시작한다. "쌍고"란 곧 "夏季高溫, 垃圾高產"에서 나온 말로, 여름철 온도가 높아지면서(高), 생활쓰레기도 산처럼 높이 쌓인다(高)는 뜻이다.

현재 상하이시에서 매일 쏟아져 나오는 쓰레기양은 평균 1.4톤 정도인데, 무더위가 한창인 7, 8월에는 1.58톤이라는 최고치를 기록했다. 市 환경위생국 업무처의 리화 처장에 따르면 상하이시는 지난해와 비슷한 쓰레기양에도 불구하고, 장기간에 걸친 철저한 준비와 효과적인 대응으로 예년처럼 쓰레기 처리문제로 혼란을 겪지 않았다고 말한다.

상하이시 당국은 여름이 시작되기 전부터 미리 기상상황을 체크하여, 각종 쓰레기의 예상량을 가늠한 다음 처리에 만전을 기했다. 한편 상하이시 폐기물처리회사는 "하계 쓰레기 해운"이라는 막대한 임무를 떠맡아 관광용 선박들을 특별히 동원하여 쓰레기운반 업무의 기동력을 높이는 동시에, 곳곳에 임시 쓰레기퇴적장을 마련하여 긴급사태에 대비했다. 각 지역별로는 우선 쓰레기더미 창고를 깨끗하게 처리하게 하고, 임시 쓰레기처리장을 증설하기도 했다.

상하이시 당국의 이러한 사전조치는 여름철 대홍수로 인하여 상하이의 낡은 항구가 온통 물에 잠겼을 때도 커다란 효과를 발휘했다.

한편, 상하이시 당국은 뱃길로 쓰레기를 원활히 운반하기 위하여 "환경위생 우선정책"을 시행함으로써, 일반 선박들이 쓰레기운반 선박에게 뱃길을 먼저 양보하게 하고 갑문 통과 시에도 우선권을 부여했다. 덕분에 상하이시 쓰레기처리량의 최대 규모를 자랑하는 후이꽌부두의 1일 쓰레기처리량이 평소보다 2배 가까이 늘어난 1천여 톤을 기록하게 되었다.

쓰레기처리장의 현장책임자에 따르면 그들은 작업상 다음 두 가지 원칙을 견지한다고 한다. 첫째 쓰레기는 매일 나오는 대로 즉각 처리한다. 둘째 작업의 질을 높여 작은 쓰레기더미 일지라도 반드시 적시에 처리하고, 쓰레기통 내부를 삽과 빗자루 등으로 깨끗하게 청소하여 항상 청결상태를 유지한다. 이 같은 조치를 내린 다음 관리원들이 수시로 현장을 체크하여 문제점이 발견되면 벌점에 따라 감봉조치를 취한다고 한다.

전에는 환경위생국에서 "쌍고(雙高)"기간 중에 수시로 조를 짜서 기습적인 검사를 벌이곤 했는데, 이를 두고 위생국의 한 관리는 마치 "진화작업"과 같다고 표현했다. 그러나 현재는 쓰레기가 쌓여 산더미를 이루는 현상은 기본적으로 해결되었다.

환경위생국을 감독하는 사회여론과 환경위생 작업의 시장화는 환경위생국에 근무하는 사람들로 하여금 일종의 위기감을 느끼게 하고 있다. 관리부문은 공공연한 검사에서 보이지 않는 감독으로 바뀌었고, 문제점이 발견되면 즉각 해결하는 등 장기적이고 효과적인 환경위생 관리의 새장을 열어가고 있다.

중국의 야생동물 보호 시급

얼마 전 중국 상하이 자연박물관은 8개월간의 조사과정을 통하여 <상하이지역 자연생태환경의 건설과 보호>라는 보고서를 발표했다.

조사결과는 결과적으로 희비가 반반이었다. 그 이유는 사람들이 주의를 기울이지 못하는 지역에 여전히 적지 않은 야생동물 · 양서류 · 파충류 등이 서식하고 있다는 사실과, 향후 이 동물들의 생존환경이 결코 낙관적이지 못하다는 사실 때문이다.

조사는 8개월 동안 총 120여명이 동원되어 산 · 호수 · 섬 · 공원 등 18개 자연생태환경 지역을 대상으로 실시되었다. 조사방법은 기존의 역사자료와 지난 50년 이래의 동물모피 구매기록을 종합하여 현존하는 동물의 숫자와 종류를 파악해 냈다. 야생동물 명단에는 살쾡이 · 오소리 · 담비 · 족제비 등의 이름이 들어 있었는데, 족제비를 제외한 나머지 세 종류는 자취를 감춘 지 이미 오래되었다.

양서류와 파충류에는 8종의 개구리 류가 발견되었는데, 검은 반점개구리와 중국두꺼비는 자주 눈에 띈 반면에 일본개구리와 호랑무늬개구리는 매우 드물었다. 시외곽 지대는 도마뱀들의 천국이라 할 수 있는데, 모두 6종의 도마뱀과 11종의 다양한 뱀들이 서식중인 것으로 보고되었다.

또한 이 일대의 조류와 어류에 관한 최신 동향도 보고되었다. 거대한 습지에는 지금도 많은 무척추동물들이 생존하고 있었는데, 이들은 각종 식물 집단과 도시 생태지역의 중요한 중간지대 역할을 하고 있다.

한편 전문가들은 대도시 주변에서 살아가는 동물들의 생존현실과 이들의 미래에 대하여 심각한 우려를 나타냈다. 자료에 의하면 예전에 상하이 지역에 서식했던 동물들은 모두 40여종 이었는데, 이번 조사에는 겨우 6종의 동물만이 발견되었다.(다람쥐와 박쥐류는 포함되지 않음) 특히 여우 · 오소리 · 들쥐 등은 기본적으로 이미 자취를 감춘 것으로 확인되었다.

양서류와 파충류의 경우는 더욱 심각하다. 자연박물관의 마지판 연구원은 이번 조사과정에서 참개구리와 중국의 토종두꺼비는 다른 개구리류에 비해 우세 종으로 판명되었지만, 이들의 평균밀도는 이랑당 겨우 각각 17마리와 2마리에 불과하여 농작물 병충해를 막기에는 태부족이라고 말했다. 그리고 원래 널리 서식하던 살무사도 그 숫자가 급감되었고 개체수도 매우 적어졌다.

환경오염, 무자비한 포획, 마구잡이식 개발은 야생동물의 생존을 위협하는 가장 중요한 요인이다. 이번 조사를 책임진 자연박물관 진싱빠오 副관장은 동물군의 생존은 한 도시의 가장 민감하고 가장 중요한 분야라고 주장한다. 만일 동물들에게 인간과 인간의 문명에 의해 시달리지 않을 일정한 공간이 주어진다면, 그곳이 숲이든 황무지든 상관없이 모두 동물들의 훌륭한 피난처나 보호소가 될 수 있다고 주장한다.

현재 생태도시를 지향하고 있는 상하이시의 생태환경 보존과 야생동물 보호정책이 중요한 기로에 처해있다.

뚱베이(東北) 야생호랑이의 멸종 위기(1)

호랑이는 세계에서 가장 큰 고양잇과 동물로 특히 아시아 지역에 밀집되어 있다. 중국은 호랑이의 종류와 숫자가 세계에서 가장 많은 나라인데, 현재 뚱베이호랑이·화난(華南)호랑이·뱅골호랑이·인도호랑이 등 아시아의 네 종류의 호랑이들이 모두 서식하고 있다.

그중 야생 화난호랑이 수는 겨우 20마리에 불과하여 장기적인 생존에 우려를 낳고 있다. 뱅골호랑이는 서장지역에서만 겨우 서식하고 있는데, 여기저기 흩어져 살고 있는 인도호랑이와 마찬가지로 그 숫자가 확인되지 않고 있다.

야생 뚱베이호랑이의 생태조사를 위하여 지난 1998년 10월부터 1999년 1월 사이 국제 야생생물보호학회와 지린(吉林)성 야생동물보호협회, 헤이룽장(黑龍江)성 야생동물연구소가 지린성과 헤이룽장성 내에서 각각 두 차례의 대규모 공동조사를 실시했다.

주로 헤이룽장성 동남부 13개 산림지역을 중심으로 조사를 실시한 결과, 중국 내 야생 뚱베이호랑이의 숫자가 겨우 9-13마리에 불과한 것으로 나타났다. 더구나 이들 대부분은 주로 중·러 접경지대에 서식하고 있고, 헤이룽장성 완따산 일대를 제외한 다른 지역에서는 뚱베이호랑이가 번식하고 있다는 증거를 전혀 찾을 수 없었다. 이 때문에 현재 중국 지역 내에 있는 뚱베이호랑이는 대부분이 러시아로부터 들어왔다는 주장이 지배적이다.

그러나 현재 뚱베이호랑이의 숫자가 매우 적고 야행성 활동을 하기 때문에, 호랑이에 대한 야외 조사활동은 주로 현지 주민들의 증언 및 호랑이가 남긴 발자국과 긁힌 자국에 의지할 수밖에 없으므로 이러한 통계는 실제와 상당한 차이가 있을 수 있다. 특히 호랑이와 표범의 발자국이 매우 비슷하기 때문에 이러한 정황들을 감안하면 뚱베이호랑이의 개체 수는 실제보다 많이 부풀려졌다고도 볼 수 있다.

지난 1970년대 이래 중국은 뚱베이호랑이에 대해 세 차례의 대대적인 조사활동을 벌였다. 1974-1976년 사이의 조사결과 모두 151마리의 뚱베이호랑이가 확인되었고, 1984-1985년 사이에는 20 내지 30마리로 격감했으며, 1988-1991년 사이는 16-22마리에 불과했는데, 그중 헤이룽장성에는 10-14마리가 지린성에는 6-8마리가 각각 서식하고 있는 것으로 집계되었다.

이처럼 야생 뚱베이호랑이 수가 급감한 이유는 이 지역 인구밀도의 증가와 삼림의 과도한 남벌 등으로 인해 뚱베이호랑이의 서식지가 파괴되고 먹이자원이 부족해졌기 때문이다.

현재 뚱베이호랑이의 분포지역은 이미 북쪽으로 송화 강까지 축소되어, 주로 우수리 강과 도문강 유역의 중·러 변경지대에 집중되어 있다.

한편 러시아의 원동지역 수림에는 약 415-476마리의 뚱베이호랑이가 서식하고 있는데, 그중 어미호랑이는 330-371마리 정도이다. 전문가들은 한반도 북부지역에도 소수의 뚱베이호랑이가 서식하고 있다고 추정한다.

날로 숫자가 격감하고 있는 뚱베이호랑이를 보호하기 위하여 전문가들은 중국정부가 조속히 다음과 같은 종합적인 대책을 세워야 한다고 주장한다.

즉 중국 내 적합한 지역에 뚱베이호랑이 보호구역을 지정할 것, 중·러 변경지역에 뚱베이호랑이의 임시 통로를 개설하여, 호랑이 무리의 원활한 이동과 종족번식에 도움을 줄 것, 뚱베이호랑이와 야생동물을 남획한 자를 엄벌할 것, 숲의 남벌을 막을 것, 국제적 협조를 통해 뚱베이호랑이에 관한 연구 자료를 상호 교환할 것, 뚱베이호랑이가 가축을 잡아먹으면 정부에서 이를 대신 보상해주고 주민들에게 야생동물 보호를 위한 계몽교육을 강화할 것 등이다.

인도의 사냥꾼들에 의해 총살당한 야생호랑이(사진 상)와 태국에서 포살당한 야생호랑이(사진 하). 이처럼 아시아 각 지역에서 야생호랑이의 생존이 크게 위협받고 있어 그 대책이 시급하다.

뚱베이(東北) 야생호랑이의 멸종 위기(2)

지난 2000년 중국 하얼빈(哈爾濱)에서 "2000년 중국 뚱베이 야생호랑이 보존계획 국제학술회의"가 열렸다. 중국 측과 미국 · 러시아 · 네덜란드 · 한국 등에서 참가한 백여 명의 야생동물보호 전문가들은 뚱베이 야생호랑이가 전 인류의 공동재산이라는데 인식을 같이 했다.

1999년 말 헤이룽쟝성과 지린성을 중심으로 실시된 야생동물 조사결과에 따르면, 중국 국경내 뚱베이 야생호랑이의 숫자는 이미 지난 1970년대 중반 150여 마리에서 급감하여 현재는 겨우 12-16마리에 불과한 것으로 나타났다.

그동안 뚱베이 야생호랑이의 멸종을 막기 위하여 중국정부는 많은 노력을 기울여 왔지만, 뚱베이호랑이의 활동범위, 서식지 환경의 조건, 야생호랑이의 주요먹이들의 번식문제 등 국가적 차원의 자연보호체계가 절실한 실정이다.

뚱베이 야생호랑이의 먹이는 주로 야생 멧돼지 · 노루 · 사슴 등인데, 이 지역에서 광범위하게 행해지고 있는 불법남획으로 인하여 이제는 뚱베이 야생호랑이의 생존까지도 엄중한 위협을 받고 있다.

중국과 러시아 · 미국의 야생동물보호 전문가들이 발표한 ≪1999

겨울철 눈 덮인 시베리아에서 사냥중인 뚱베이호랑이의 모습

년 중국 헤이룽쟝성 뚱베이호랑이와 표범에 관한 조사 및 그 보호대 책≫에 의하면, 헤이룽쟝성 뚱베이 산림지역 5백여 킬로 지역내에서 민간인들이 설치한 철사 올가미가 매 킬로당 0.14개씩 모두 78개나 발견되었다. 그리고 이 지역 내에서만 포획 살해된 12마리의 야생 멧돼지 · 노루 · 사슴 외에도 야생호랑이가 종종 이 철사 올가미에 걸려들어 죽은 것으로 나타났다.

밀렵은 현재 야생동물과 휘귀동물의 생존을 가장 직접적으로 위협하는 요인 중의 하나이다. 지난 1989년 중국은 ≪야생동물 보호법≫을 발표하여 야생동물을 포획 살해하는 행위에 대하여 엄중한 처벌을 하고 있다. 특히 1990년대 중반 헤이룽쟝성과 지린성에서 민간인의 총기를 전부 회수한 결과 야생동물 살상이 크게 줄어들었다. 현재 지린성에서 수거 보관중인 각종 민간용 총기류는 모두 10만 4천 자루에 이른다.

지난 2000년 지린성내 각종 야생동물자원 남획사건은 모두 771건으로 그중 715명이 처벌을 받았다. 소식에 따르면 1996년 지린성 인민대표대회회의에서 결정된≪향후 5년간 지린성내 야생동물

포획금지에 관한 결정≫을 매 5년 마다 계속해서 연장조치를 취하고 있다.

한편 지린성은 또 다른 측면에서 야생동물에 관한 보호를 실시하고 있는데, 그것은 야생동물의 인공수정과 번식사업이다. 현재 지린성내 각종 야생동물 번식장소는 1.2만 가구나 되고, 사육되고 있는 꽃사슴 · 고라니 · 곰 등이 25만 마리를 넘어서는 등 이 지역 농가의 주요 수입원이 되고 있다.

하지만 중국은 앞으로도 보다 완벽한 밀렵금지 정보망 구축과 밀렵단속 대원들에 대한 체계적인 소양교육 등이 여전히 주요과제로 남아 있다.

화난(華南) 호랑이의 멸종 위기

지난 2001년 7월 발표된 제1회 중국 후난성(湖南省) 야생동물자원 조사결과, 후난성에 생존하고 있는 야생 화난(華南)호랑이는 겨우 6마리 정도에 불과한 것으로 나타났다.

과거 5년 동안 3천명에 이르는 조사자들을 통해서 완성한 이 보고서는 현재 생존하는 화난호랑이의 실체를 확인할 수는 없었으나, 이제 화난호랑이 보호문제는 더 이상 지체할 수 없다는 점을 시사해주고 있다.

중국에 주로 서식하는 화난호랑이는 세계적인 희귀동물로서, 중국의 1급 국가보호동물로 지정되어 있다. 유엔의 국제자연 및 자연자원 보호연맹(IUCN)에서 발표한 ≪위기에 처한 야생동물 국제공약≫에서도, 화난호랑이를 멸종위기에 처한 세계 제1호 대상 동물로 삼고 있다.

중국 후난성은 야생 화난호랑이가 서식하고 있는 주요 지역 중의 하나로 지난 1952년까지만 해도 화난호랑이가 시내까지 출현하곤 했는데, 갈수록 서식지가 줄어들어 최근 40여 년 동안 야생 화난호랑이의 실체조차 파악되지 못하고 있다.

많은 전문가들이 야생 화난호랑이가 이미 멸종되었다고 단정하고 있을 때, 미국 모 대학의 동물 연구소 팀이 후난성 호병산

(壺瓶山) 부근에서 화난호랑이의 발톱자국·배설물·몸털 등을 발견함으로써, 이 지역에 화난호랑이가 번식하고 있다는 사실을 증명했다.

중국 동물원협회의 통계에 따르면 현재 중국 각지의 동물원에서 사육되고 있는 화난호랑이의 숫자는 겨우 59마리에 불과하여, 지명도가 비교적 높은 팬더 곰(현재 전국에 약 1천 마리 정도 생존)보다도 더욱 진귀한 실정이다. 이들 화난호랑이는 대부분 광조우·상하이·충칭 등지에 있는데, 대부분 처음에 야생에서 포획된 6마리 화난호랑이들의 후세들이기 때문에 우생학적인 관점에서 결코 종족번식에 이롭지 못하다.

전문가들은 동물원의 호랑이를 대자연의 품으로 돌려보내는 것이야말로 호랑이의 야성을 회복시킬 수 있을 뿐만 아니라, 이 희귀한 동물의 종족번식에도 유리하다고 말한다. 중국정부가 계획하고 있는 화난호랑이 보호계획은 크게 푸지엔성(福建省) 매화산에 화난호랑이 번식연구센터 건립, 매화산에 화난호랑이 야생성 회복을 위한 사육단지 조성, 매화산에 화난호랑이 자연보호구역지정 등 3단계로 나눠져 있다.

현재 매화산 호랑이공원에는 화난호랑이 암수가 각각 3마리 있는데, 연령은 3살부터 5살 사이이다. 그러나 자금부족으로 겨우 50畝 규모의 협소한 지역에서 사육되고 있는데, 숫자가 20마리가 넘어서면 1천畝 이상의 광활한 서식지로 옮긴 다음, 마지막에는 대자연의 품안으로 돌려보낼 계획이다.

한편 꽝조우(廣州)동물원의 차이 원장에 따르면, 현재 중국 내에서는 화난호랑이의 번식숫자와 우수종자를 확보하고 위해 화난호랑이 유전자은행과 정자은행건립을 준비 중이다.

멸종위기에 처한 화난호랑이는 이제 중국정부의 적극적인 관심과 지원 아래 매화산 화난호랑이공원에서 종족번식과 안정된 생존을 시작하고 있다.

중국의 "남수북조(南水北調)" 사업

물은 우리 인류를 포함한 모든 생명체들에게 없어서는 안 될 소중한 자원이다. 그럼에도 불구하고 얼마 전에 실시된 중국의 한 조사에 의하면, 24%의 중국인들이 무의식적으로 물을 낭비하고 있는 것으로 나타났다.

지난 2000년 봄부터 중국화북과 서북지방에 가뭄이 극심해지자 중국사회는 남방의 풍부한 물을 끌어다 수자원이 부족한 북방에 제공하는 물조절사업이 커다란 관심을 끌고 있다. 중국 수리부(水利部)의 한 고위관리에 따르면 이 사업은 현재 계획대로 진행되어 향후 국가 "十五"계획안에 포함된다고 밝혔다.

현재 대부분의 중국인들이 엄청난 수량을 자랑하는 양자강물을 이용하면 북방의 수자원 문제를 충분히 해결할 수 있다고 믿는다. 그러나 많은 전문가들은 "먼 곳에 있는 물로는 가까운 곳의 갈증을 해결할 수 없는 법이다. 물을 끌어오는 것보다 절수(節水)가 더욱 중요하다" 고 지적한다.

전문가들은 절수의 필요성에 대해 다음 두 가지 이유를 들고 있다. 첫째 이 사업은 투자규모가 막대하고 전문가들의 찬반의견이 분분하여 장기적인 계획이 필요하다. 시간상 양자강의 물을 북방까지 끌어오기 위해서는 최소한 6년에서 10년의 시간이 필요하다.

그러므로 이 사업이 성공할 때까지 북방의 물 부족 문제는 결코 물을 끌어오는 방법만으로는 해결할 수 없다는 말이다.

둘째 설사 이 사업이 성공한다 해도 현재의 물 낭비 속도로 보면 남방에서 끌어온 엄청난 양의 물도 결국 고갈되고 말 것이다. 1천여 킬로 밖에서 물을 끌어오는 이 사업은 엄청난 비용이 들기 때문에, 시민들은 더 비싼 물 값을 지불해야 하고 동시에 더 높은 절수의식이 필요하다.

실험에 의하면 수도꼭지 하나에서 1초에 한 방울씩 물이 샌다면, 35분후에는 240㎖의 용기를 가득 채우게 되고, 일년이면 360톤의 물을 낭비하게 된다.

중국의 농업용수는 총수량의 70%를 차지하고 있다. 그러나 이용효율이 매우 낮아 생산단위의 양식용수는 선진국의 2-2.5배나 된다. 공업용수의 재이용률도 겨우 0.3%로 선진국의 0.75% 보다 훨씬 낮다. 공공기관과 학교 등 공공장소의 용수낭비 현상은 더욱 심하다.

베이징(北京)시의 지난 2000년도 총절수량은 전에 비해 50%나 늘어나 연간 총절수량이 7천만 입방미터가 되었다. 물의 낭비와 오염이 지나치게 심한 기관은 일정한 기간 내에 절수기술을 도입해야 하고, 한시적인 생산 감량과 생산정지를 감수해야 한다는 주장이 설득력을 얻고 있다.

텐진(天津)시는 몇 년 전부터 생활용수에 대한 전시민의 정액관리제를 시행하고 있고, 기업과 기관 · 학교 · 단체 · 부대 등에도 엄격한 계획 용수제를 실시하고 있다. 만일 정해진 수량을 초과하면 누진세를 적용하여 두 배의 물 값을 물어야 한다.

바다와 인접한 상하이(上海)시는 이미 유엔에 의해 21세기 전 세계 음용수가 가장 부족한 6대 도시 중의 하나로 지정되었다. 비록 상하이 수자원의 총량은 풍부하나 이용 가능한 담수자원이 매우 제한적이어서 지표수자원의 겨우 20%(118.8억 입방미터)에 불과한 실정이다.

결국 해수를 담수로 바꾸는 혁명적인 기술이 개발되지 않는 한, 인류가 이용할 수 있는 담수량은 언젠가 한계에 도달할 것이다. 이런 의미에서 오직 절수만이 부족한 수자원문제를 해결할 수 있는 것이다.

중국의 수자원 부족 심각

지금까지 중국도 다른 나라와 마찬가지로 극심한 가뭄으로 인한 메마른 대지나, 바닥까지 훤히 드러낸 강바닥 등에 관한 묘사가 일반도시민들과는 거의 상관이 없는 것으로 인식되어 왔다.

하지만 장차 21세기 중국전역의 물소비량이 주로 도시들에 집중되고, 도시 수자원공급 부족현상이 더욱 심해질 것으로 전망됨에 따라 전문가들은 도시민들의 물 소비 의식이 무엇보다 중요하다고 지적한다.

중국 건설부산하 수자원센터 샤오주임의 분석에 의하면, 1997년 중국 도시화비율은 30%로 도시인구는 3.7억, 총용수량은 약 630억 입방미터였다. 향후 2010년 · 2030년 · 2050년의 도시화 율은 각각 40% · 50% · 60%에 이를 것이며, 도시인구는 각각 5.5억 · 7.5억 · 9.6억이 될 것이다. 또한 이에 상응하는 물수요 용수량도 각각 910억 · 1,220억 · 1,540억 입방미터로 급증할 것으로 예측된다.

중국 남방도시의 수자원은 비교적 풍부하여 지표수를 위주로 하는 반면, 북방도시의 수자원은 상대적으로 부족하여 지하수를 위주로 한다. 만일 중국전역의 도시를 총괄하여 말한다면, 신도시들과 인근지역들이 300 내지 900억 입방미터의 수자원만 개발한다면, 향후 예상되는 전국 도시의 용수량을 해결할 수도 있을 것이다.

하지만 수자원이 매우 부족한 북방지역 특히 화북지방의 일부 도시들은 현재 수자원이 거의 고갈된 상태로, 단지 전통방식에 따라 현지의 수자원(지표수와 지하수)을 개발하고는 있으나 부족한 용수량을 절대적으로 충족시키지 못하고 있다.

다행히 최근 중국도시의 물 공급시설이 상당히 개선되었고 도시민들의 물 소비의식도 눈에 띄게 좋아졌다. 또한 생활용수 비율은 안정적으로 높아지고 있으나, 공업용수가 차지하는 비중이 하락하기 시작하는 등 전반적으로 물 소비구조가 이상적인 방향으로 조정되고 있다.

그러나 전문가들은 현재 중국도시민의 물 소비문화에는 여전히 수자원 부족과 물 낭비현상이 병존하고 있다고 지적한다. 자료에 의하면 중국 공업용수의 재이용률은 선진국의 75-85%보다 훨씬 낮은 겨우 40%에 불과하다. 또한 전국 도시의 수도관이 대부분 노후하여 수도관이 새거나 파손이 심한 관계로 급수 손실률이 15-20%나 된다.

이런 의미에서 샤오주임은 중국의 모든 도시들이 무엇보다도 절수우선 의식을 강조해야 하고, 동시에 다양한 절수형 생활 기구를 개발하는 절수형 공업을 발전시킴으로써 중국의 도시들을 절수형 도시를 건설해야 한다고 역설한다.

녹색 소비운동의 '새바람'

그릇된 소비 교정 · 소비자 이익 보호,
식품 · 화장품 · 건축재료 등 중점 감시

중국 소비자협회는 중국사회에 녹색소비운동을 촉진시키고 일반인들이 녹색생활을 향유할 수 있도록 지난 2001년의 활동 주제를 "녹색소비"로 정했다.

"녹색소비"라는 말은 대다수 중국인들에게 아직까지는 생소하지만, 국제적으로는 이미 오래전부터 유행되고 있는 주제이다. ≪적막한 봄날≫로 대표되는 일련의 유명한 전문보고서에 그칠 줄 모르는 인류의 사치스러운 소비행위가 바로 지구의 미래를 위협하는 가장 직접적인 원인이라는 조사발표가 나온 후, "녹색소비"운동은 전 세계의 유행어가 되었다.

이번 주제는 이미 국제적으로 널리 인정된 과학적 소비의식을 제창하고 그릇된 소비행위를 바로 잡아 많은 소비자들의 이익을 보호하려는 현실적인 조처이다.

중국 소비자협회의 활동 주제는 그동안 1997년도의 "성실과 신뢰를 지키고 거짓을 배격하자", 1998년도의 "농촌 소비자들을 위하여", 1999년도의 "안전하고 건강한 소비", 2000년도의 "투명한 소비"로 이어지다가 2001년도의 "녹색소비" 운동에 이르러 벌써 여섯 해를 맞고 있다.

이번 활동의 주제인 "녹색소비" 운동의 내용은 매우 다양하다. 그중 비교적 규모 있는 활동으로 "국민건강을 위해 우유 한잔 더 마시기", 새천년 소비방향, "환경오염과 소비자에게 해악을 끼친 십대 사건 평가", "녹색소비"를 주제로 한 공익광고 시합, "3.15 국제 소비자 권익의 날", "기념활동", "녹색상품과 녹색생산지역 홍보활동" 등이 있다.

또한 협회는 시민들에게 녹색소비 수첩을 배포하고 가짜 "녹색" 상품에 대한 폭로 · 고발 활동도 벌일 예정이다.

"신세기는 환경보호의 세기"-녹색소비는 2001년도 중국소비자협회의 슬로건일 뿐만 아니라, 신세기의 소비자 권익보호사업의 주제이기도 하다.

신세기의 주제로서 "녹색소비"에는 세 가지 광의적 의미가 있다. 첫째 오염되지 않고 공중건강에 유익한 녹색제품의 소비를 창도할 것, 둘째 소비과정중에 쓰레기처리를 중시하여 환경오염을 방지할 것, 셋째 소비자의 건전한 소비의식을 제고하고 환경보호를 중시하며, 자원과 에너지를 절약할 것 등이다.

2001년도 주제로서 협의적 의미의 녹색소비는 "녹색생활 · 환경보호 · 선택구매"를 강조하며, 소비자의 건강과 안전에 직접적인 관계가 있는 문제를 중시한다. 사회에서 식품 · 화장품 · 건축 장식재료 등 세 가지 방면에 대해 중점적인 감시활동을 벌인다. 현재 시중에서 유통되고 있는 "녹색식품", 혹은 "천연식품"은 사실 이런 명칭을 도용하여 소비자들을 속이고 있는 것에 불과하다.

진정한 녹색식품은 무엇보다도 반드시 공장에서 배출되는 대기오염이나 수질오염이 없는 환경에서 자라나야 되고, 다음으로 생장 · 가공 · 포장 · 운수 · 판매과정에서 농약이나 기타 유해물질의 위협을 받지 않아야 한다. 녹색식품은 A급과 AA급 두 가지 기준이 있는데, 현재 중국의 대다수 식품은 A급에 속하고 AA급에 속한 것은 겨우 40여종에 불과하다.

중국위생부는 현재 일부 화학물질이 화장품에 사용되는 것을 엄금하고 있다. 또한 사용자의 피부생리 상태와 환경에 악영향을 줄 수 있는 모발생장 촉진류·머리염색류·썬크림류·방향제류·반점(斑點)제거류·탈모방지류 등 아홉 가지 화장품을 "특수용도 화장품"으로 분류하고 있다. 이런 화장품은 외부포장에 반드시 "QG"마크를, 기타 화장품에는 "XK"마크를 표시하게 되어 있다.

건축 재료에는 녹색도료·녹색판자·녹색가구 등이 포함된다. 내외장 도료중 많은 제품들이 선명한 색체와 고강도 접착을 위해 다량의 화학첨가제를 사용하여 거주자들이 장기적으로 화학오염물질에 노출되고 있는데, 중국도 환경보호기준과 인체건강기준에 부합하는 건축 재료에 대해서 녹색환경 표지를 사용하고 있다.

"녹색소비"운동은 중국처럼 소비인구가 세계최고인 나라에서 그 의미가 매우 크다. 통계에 따르면 중국국민 1인당 매년 0.9킬로의 고체쓰레기를 방출하고, 머리감기·목욕·세탁 등으로 하루 평균 2백 리터의 폐수를 방출하고 있다. 또한 소비자들의 소비욕구를 만족시키기 위해 수많은 공장에서 오수와 유해가스를 배출함으로써, 하천·바다·토양 및 대기환경이 심하게 오염되고 있다.

세계 최초의 팬더 곰 유전자신분증

배설물 · 털 등서 유전자 조직 추출
숫자가계(家系) 확정...호적시스템 완성

중국 저장(浙江)대학 생명과학원의 한 실험실에서 세계 최초로 야생 자이언트팬더 유전자신분증이 완성되었다. 신분증에는 가족번호 · 가족명칭 · 성별 · 나이 · 유전자신분증 번호 · 부모이름 · 비고란 등의 계수와, 산시(陝西)성과 쓰촨(四川)성에 있는 두 개의 국가지정 자연보호구역에 서식하는 야생 팬더곰 무리들의 완벽한 유전자호적문서가 기재되어 있다.

팬더 곰은 중국 내에서 서식하고 있는 세계적인 희귀동물이다. 1961년 세계자연기금회(WWF)가 팬더를 희귀동물로 지정한 이래, 팬더 곰은 전 세계 야생동물보호의 상징이 되었다. 현재 팬더는 쓰촨성의 4개 지역과 깐쑤(甘肅)성 산시성의 일부 고립된 지역에서 20여개의 소집단을 형성한 채 거의 멸종위기를 맞고 있다.

보다 체계적으로 팬더를 보호하고 종족을 번식시키기 위하여 중국 국가임업국과 쓰촨성 · 깐쑤성 · 산시성의 임업청(林業廳)은 단독 혹은 WWF와 공동으로 야생 자이언트팬더에 대해 조사를 벌였으나 확실한 통계가 불가능했다. 최근 중국 국내외 전문가들이 주장하는 숫자는 대략 1천 마리 정도인데, 이것도 지난 1974-1977년 당시 어림잡은 수치에 불과하다.

야생 자이언트팬더의 정확한 숫자파악과 생태학적 연구를 위하여, 절강대학 생명과학원 팡성꾸오 교수 일행은 정부기관과 여러 연구단체의 도움을 받아 다년간 이에 대한 연구를 진행했다. 그 결과 1996년과 1997년에 각각 세계 최초로 자이언트팬더의 배설물에서 팬더의 유전자 DNA조직을 발견하고 DNA지문 F2ZGP96060801을 연구 개발하는데 성공했다.

연구방법은 멸종위기에 처한 동물의 몸에 직접 상해를 가하면서 조사할 수는 없기 때문에, 연구팀은 우선 팬더의 배설물로부터 소화기관에서 떨어져 나온 세포조직을 채취한 다음 유전자 DNA조직을 추출하고, 다시 팬더에 대한 검사를 실시하여 야생 팬더의 숫자 · 가계(家系)구조 · 유전자와의 관계 등을 확정짓게 된다.

1998년 8월 마침내 연구조사팀은 두 개의 보호구역 약 9백만 평방 킬로에서 융단식 방법으로 팬더의 배설물과 털을 채취한 다음, 실험실에서 각 샘플의 유전자조직을 추출하고 이미 연구 개발된 방법에 따라 검사를 진행하여 각 샘플들의 유전자지문 지도를 완성했다. 또한 컴퓨터의 식별프로그램을 통하여 야생 팬더의 숫자와 가족구성원들을 확정했고, 다시 성별감정 유전자 검사시약을 사용하여 각 개체들의 성별도 확정했다.

이런 연구결과를 토대로 팡교수는 금년 2월 자신의 실험실에서 두 보호구역내에서 서식하고 있는 자이언트팬더의 개체 유전자신분증 관리시스템과 호적관리 문서시스템을 완성시켰다.

개체 야생팬더의 유전자신분증은 두 가지 부분으로 구성된다. 하나는 사회적으로 약속된 숫자 즉 국가 · 省 · 자치구 · 지역 · 보호구역 · 가족 · 개체 등의 고유번호로 구성된다. 다른 하나는 각 팬더의 성별과 개체 확인이 가능한 유전자 배열번호로 구성되는데, 이 번호의 오차범위는 16억분의 1에 불과할 정도로 거의 절대적이다.

오늘날 지구상의 생물들은 엄중한 생존위협을 받고 있다. 특히 수많은 야생동물들이 멸종되어 가고 있다. 통계에 따르면 1600년 이래 7백여 종의 척추동물과 식물들이 이미 멸종되었다고 한다. 최근 유엔의 한 보고서는 만일 생태환경이 지금처럼 계속 악화된다면, 장차 매년 5 내지 10%의 동식물들이 멸종될 것이라고 경고하고 있다.

얼마 전 우리나라 지리산과 백두대간 일대에 반달곰이 일부 서식하고 있다는 보도가 있었다. 반달곰을 비롯한 각종 희귀동물들을 보다 효과적으로 보호하기 위해서 우리도 이러한 야생동물 유전자신분증과 호적관리제도를 적극 고려해 보았으면 한다.

중국의 한 동물원에서 귀여운 모습으로 놀고 있는 한 쌍의 팬더 곰

김경국(金慶國)

전남대학교 중문과 문학사, 문학석사(중국고전문학)
중국 북경대학 문학박사(중국근대문학)
중국 안휘대학 고적연구소 겸직부교수, 중문과 겸직교수
현 전남대학교 문화사회과학대학 중국학과 교수

저서
〈桐城派姚門五大弟子研究〉, 〈문사철로 이해하는 중국인문학〉외 5종

논문
〈論曾國藩的古文理論〉, 〈文心雕龍 · 風骨〉篇義析論 외 이십여 편

현대중국의 사회와 문화

인쇄 | 2008년 1월 20일
발행 | 2008년 1월 28일

저 자 | 김경국
발 행 | 강정채
발행처 | 전남대학교출판부

등록 | 1981. 5. 21. 제53호
주소 | 500-757 광주광역시 북구 용봉동 300
전화 | (062) 530-0571~3
팩스 | (062) 530-0579
홈페이지 | http://altair.chonnam.ac.kr/~cnup

값 10,000원

ISBN 978-89-7598-645-1 (93330)

이 도서의 국립중앙도서관 출판시도서목록(CIP)은 e-CIP홈페이지
(http://www.nl.go.kr/cip.php)에서 이용하실 수 있습니다.
(CIP제어번호: CIP2008000354)